人文社会科学类学术丛书

教育部人文社会科学研究规划基金项目"中国城市协同创新的空间知识溢出对经济发展质量
影响机制研究"（项目编号：20YJA790010）、国家自然科学基金面上项目"中国城市多维
协同创新的时空演化、溢出效应及互动机制研究"（项目编号：42071154）和武汉大学经济
与管理学院理论经济学"双一流"学科建设资金资助出版

中国城市
创新绩效研究

范斐　著

WUHAN UNIVERSITY PRESS
武汉大学出版社

图书在版编目(CIP)数据

中国城市创新绩效研究/范斐著 . —武汉:武汉大学出版社,2022.10
人文社会科学类学术丛书
ISBN 978-7-307-23360-7

Ⅰ.中…　Ⅱ.范…　Ⅲ. 城市经济—国家创新系统—研究—中国
Ⅳ.F299.2

中国版本图书馆 CIP 数据核字(2022)第 185580 号

责任编辑:范绪泉　　　责任校对:李孟潇　　　版式设计:韩闻锦

出版发行:**武汉大学出版社**　（430072　武昌　珞珈山）
　　　（电子邮箱:cbs22@ whu.edu.cn 网址:www.wdp.com.cn）
印刷:武汉邮科印务有限公司
开本:720×1000　1/16　印张:11.25　字数:202 千字　　插页:1
版次:2022 年 10 月第 1 版　　　2022 年 10 月第 1 次印刷
ISBN 978-7-307-23360-7　　　定价:49.00 元

前　　言

习近平总书记指出："科学技术从来没有像今天这样深刻影响着国家前途命运，从来没有像今天这样深刻影响着人民幸福安康。我国经济社会发展比过去任何时候都更加需要科学技术解决方案，更加需要增强创新这个第一动力。"伴随着知识经济发展和科技全球化的到来，国家创新能力对实现社会经济发展目标将起到关键性的作用，创新已经成为衡量一个国家核心竞争力的关键因素。作为创新活动物质基础的科技资源通常被称为"第一资源"，其是指为了实现科学技术的不断进步而进行的人力、财力、物力、信息等科技要素投入的总和。研究表明，科技资源投入的数量与质量是构成国家创新能力的重要基础，从根本上决定着这个国家的创新水平和创新绩效。科技资源的优化配置对于合理分配科技资源，盘活科技资源存量，实现国民经济的创新驱动和高质量发展具有重要意义，已越来越成为当前经济学、管理学和地理学研究的热点课题。

本书共由 9 章组成，其中第 1 章为绪论，第 2 章为文献综述，第 3 章从城市空间维度揭示区域创新绩效的时空演化，第 4 章揭示城市层级对中国城市创新绩效及创新集聚的影响，第 5 章揭示高铁建设、城市形态与创新绩效的关系，第 6 章主要研究环境约束下区域创新绩效的空间溢出效应，第 7 章探讨区域协同创新对创新绩效的影响机制，第 8 章为基于外商直接投资的中介效应检验的环境规制对长江经济带绿色创新绩效的影响研究，第 9 章为结论与对策，各章具体内容如下所示：

第 1 章绪论。通过对本研究的研究背景与研究意义的梳理，提出本研究的研究内容、研究思路与方法、技术路线等内容。

第 2 章文献综述。本章通过对国内外科技资源配置及创新绩效研究的系统梳理，总结关于创新绩效研究的现状、特征、方法与区域尺度，揭示目前关于区域创新绩效研究的不足，并提出深化区域创新绩效研究的具体思路，为下文的展开提供一定的理论与方法支撑。

第 3 章中国城市创新绩效的时空格局分析。本章尝试利用改进的数据包络方法(DEA)对我国地级以上城市(除拉萨)科技资源配置效率进行评价,从时空维度揭示其科技资源配置效率的分布差异与变化规律,在此基础上,探讨科技资源配置效率的时空关联和演变趋势,以期为行政区经济体制下的中国科技资源可持续利用提供合理化建议。

第4章城市层级对创新绩效及创新集聚的影响研究。创新集聚引起创新空间层级结构的变化是区域经济发展的显著特点。本章基于创新产品的市场均衡理论,分析在企业创新产品供给和需求相等的均衡状态下创新集聚和城市层级的关系,通过建立两部分经济模型,阐释在均衡状态下创新集聚和城市层级的正向匹配关系。在此基础上,以中国286个地级以上城市为研究对象,通过双向固定效应模型,实证分析城市层级对于创新集聚的影响作用,并利用面板分位数回归模型和门槛回归模型,揭示城市层级与创新集聚之间的非线性关系,分析不同城市层级对于创新集聚的阶段性特征。

第5章高铁建设、城市形态与创新绩效。本章以中国高铁建设作为一次"准自然实验",通过 Time-Varying DID 方法,基于 2006—2016 年中国 280 个城市的面板数据,探究了高铁建设能否促进区域创新,并验证了城市形态在其中的中介效应。

第6章环境约束下区域创新绩效的空间溢出效应研究。该部分将环境约束的异质性引入中国省级区域创新绩效的分析,构建在固定规模报酬下考虑非期望产出的 SBM 模型,对比在不考虑非期望产出与考虑非期望产出两种情况下的中国省际创新绩效时空分异,并引入空间 Durbin 模型分析区域创新绩效的空间溢出效应及其影响因素。

第7章区域协同创新对创新绩效的影响机制。区域协同创新有利于促进区域间创新要素流动,优化科技资源的合理配置,提升区域创新绩效。本章在运用改进的 DEA 模型,在测度中国 62 个城市创新绩效的基础上,运用门槛回归模型分析在不同经济发展水平条件下区域协同创新对创新绩效的影响机制。

第8章环境规制对长江经济带绿色创新绩效的影响研究——基于外商直接投资的中介效应检验。本章运用考虑非期望产出的 SBM 模型,在测度长江经济带沿线 102 个城市绿色创新绩效的基础上,构建中介效应模型实证分析外商直接投资在环境规制下对绿色创新绩效影响的中介效应,并基于门槛回归模型,综合考察环境规制在不同 FDI 发展水平下对长江经济带沿线城市绿色创新绩效的影响机制。

第9章结论与对策。分析本研究所得到的主要结论,从以下方面提出具有可操作性的对策建议:一是坚持创新驱动与绿色低碳协调发展;二是多措并举优化科技资源配置方式；三是充分发挥市场在科技资源配置中的决定作用；四是从国家全局高度统筹科技资源配置；五是建立部门之间的统筹协调工作机制；六是建立区域之间效率优先、兼顾公平的资源配置格局；七是建立机构、项目之间鼓励竞争、稳步发展的资源配置原则。

第1章由邵小彧完成，第2章由黄慧楠、王嵩完成，第3章由王嵩、范斐完成，第4章由范斐、戴尚泽完成，第5章由汤恒运、范斐完成，第6章由范斐完成，第7章由范斐、连欢完成，第8章由范斐、张雪蓉、连欢完成，第9章由邵小彧完成。

本书得到教育部人文社会科学研究规划基金(项目编号：20YJA790010)和国家自然科学基金面上项目(项目编号：42071154)的联合资助。本书有部分内容参考了相关学者的研究成果，已在参考文献中列出，在此一并表示由衷的感谢。

目　　录

第1章 绪　　论

创新是经济高质量发展、社会不断进步的基本动力。一部人类社会发展史，就是一部不断创新的历史。当今时代，随着经济社会不断发展，创新的地位和作用日益提升，创新已成为经济社会发展的第一驱动力，创新能力已成为综合国力的核心要素。新古典经济学家保罗·罗默的内生经济增长模型提出，技术进步是经济增长的核心。伴随知识经济发展和科技全球化的到来，国家创新能力对实现社会经济发展目标将起到关键性的作用，创新已经成为衡量一个国家核心竞争力的关键因素。作为创新活动物质基础的科技资源通常被称为"第一资源"，其是指为了实现科学技术的不断进步而进行的人力、财力、物力、信息等科技要素投入的总和。研究表明，科技资源投入的数量与质量是构成国家创新能力的重要基础，从根本上决定着这个国家的创新水平和创新绩效。

1.1　研究背景

改革开放以来，中国根据自身资源禀赋和比较优势，选择了由投资带动的要素驱动发展模式，这是与中国情和发展阶段相适应的现实选择，在改革开放的伟大实践中取得了巨大成功，使中国快速进入了中等收入国家行列。然而，随着人口红利的逐步衰减和资源环境约束的强化，传统"高投入、高消耗、高污染、低质量、低效益"的经济发展模式已难以为继，不可能进一步有力支撑中国向高收入国家迈进。国外的大量实践经验也表明，如果一个国家没有随着发展阶段的转换及时转变发展方式，就很可能落入中等收入陷阱，使经济社会发展陷入长期停滞状态。为了避免落入中等收入陷阱，实现可持续发展，中国必须切换经济发展的主引擎，摆脱对物质生产要素的过度依赖，转入创新驱动发展的新轨道，高度重视科技创新在驱动经济高质量发展中的重要作用，实施创新驱动发展战略。

在革命、建设、改革各个历史时期，我们党都高度重视科技事业。从革命时期高度重视知识分子工作，到新中国成立后吹响"向科学进军"的号角，到改革开放提出"科学技术是第一生产力"的论断；从进入新世纪深入实施知识创新工程、科教兴国战略、人才强国战略，不断完善国家创新体系、建设创新型国家，到党的十八大后提出创新是第一动力、全面实施创新驱动发展战略、建设世界科技强国，科技事业在党和人民事业中始终具有十分重要的战略地位，发挥了十分重要的战略作用。

党的十九大以来，党中央全面分析国际科技创新竞争态势，深入研判国内外发展形势，针对我国科技事业面临的突出问题和挑战，坚持把科技创新摆在国家发展全局的核心位置，全面谋划科技创新工作，形成了高效的组织动员体系和统筹协调的科技资源配置模式。牢牢把握建设世界科技强国的战略目标，以只争朝夕的使命感、责任感、紧迫感，抢抓全球科技发展先机，在基础前沿领域奋勇争先。充分发挥科技创新的引领带动作用，努力在原始创新上取得新突破，在重要科技领域实现跨越发展，推动关键核心技术自主可控，加强创新链产业链融合。全面部署科技创新体制改革，出台一系列重大改革举措，提升国家创新体系整体效能。着力实施人才强国战略，营造良好人才创新生态环境，聚天下英才而用之，充分激发广大科技人员积极性、主动性、创造性。我们扩大科技领域开放合作，主动融入全球科技创新网络，积极参与解决人类面临的重大挑战，努力推动科技创新成果惠及更多国家和人民。

当今世界百年未有之大变局加速演进，国际环境错综复杂，世界经济陷入低迷期，全球产业链供应链面临重塑，不稳定性不确定性明显增加。新冠肺炎疫情影响广泛深远，逆全球化、单边主义、保护主义思潮暗流涌动。科技创新成为国际战略博弈的主要战场，围绕科技制高点的竞争空前激烈。

改革开放 40 多年的发展，中国经济总量已跃居世界第 2 位，我国科技整体水平大幅提升，我们完全有基础、有底气、有信心、有能力抓住新一轮科技革命和产业变革的机遇，乘势而上，大展宏图。同时，也要看到，我国国家综合创新能力世界排名却未能位居世界前列，我国原始创新能力还不强，重点领域核心关键技术一直受到欧美等发达国家的封锁与限制，创新体系整体效能还不高，科技创新资源整合还不够，科技创新力量布局有待优化，科技投入产出效益较低，科技人才队伍结构有待优化，科技评价体系还不适应科技发展要求，科技生态需要进一步完善。这些问题，很多是长期存在的难点，需要继续下大气力加以解决。我国是一个区域资源要素禀赋差异极大的国家，长期以来国家科技发展偏重领域科技，而相对忽视区域科技等因素，导致各种科技资源要素在空间上的分布极不均衡。因此，以区域科技资源配置效率差异为载体研究区域与城市创新绩效，了解区域科技资源要素利用的比较优势，对于合理分配科技资源，提高区域与城市创新绩效，缩小地区科技发展差异，实现国民经济的转型发展和创新驱动具有极其重要的意义。

1.2 研究目标与意义

一是本书致力于提升环境约束下的绿色创新绩效，优化绿色科技资源配置，为推进创新驱动、转型发展战略与生态文明战略，建设"美丽中国"提供科学依据和技术支撑。伴随知识经济发展和科技全球化的到来，国家创新能力对实现社会经济发展目标将起到关键性的作用，创新已经成为衡量一个国家核心竞争力的关键因素。任何科技资源配置过程都离不开其所处区域的自然环境，自然环境的异质性会产生不同的科技资源配置模式和配置效率。同时，创新绩效的高低又直接影响着所处区域的自然环境和经济效益。本书从环境约束下的中国城市绿色创新绩效的时空分异与演化机制研究入手，基于空间溢出效应研究城市创新绩效的形成机理，将有助于合理分配科技资源，盘活科技资源存量，实现国民经济的创新驱动和转型发展；有助于改善科技资源的高消耗与环境的高污染状况，加快形成科技资源节约利用、生态环境保护的体制机制，推动形成人与自然和谐发展现代化建设新格局，为努力建设"美丽中国"，实现中华民族的永续发展提供科学依据和技术支撑。

二是本书尝试将环境因素引入传统的创新绩效分析框架，考虑非期望产出下绿色创新绩效的时空演化机理与空间效应，是一次较为新颖的理论探索。目前，许多区域与城市科技资源配置目标是单纯地追求科技资源产出数量，秉持粗放型创新道路，在创新活动中表现出拼资源、拼消耗的发展模式，忽视生态平衡的自然法则与经济可持续发展，这往往导致"创新诅咒"的悖象，即科技资源配置能力和创新绩效均很高的区域，科技资源配置活动对区域环境和资源产生负面影响，致使其生态效率降低和区域经济发展放缓的现象。可见，要真正实现创新绩效的经济有效，首先应保证其生态有效，因此，本研究结合传统效率和生产率分析理论的最新进展情况，尝试将环境因素引入传统的创新绩效分析框架，对创新绩效融入不可忽略的自然环境因素，体现了可持续发展视角下的绿色创新理念；并沿袭绿色 GDP 视角，测度分析区域绿色创新绩效的时空分异、空间溢出效应，以生态经济学的理念和方法综合考察科技资源配置过程本身及其与生态环境的相互关系，并据此来评价、判断科技资源配置体系是否符合人类与生态环境的辩证关系和区域经济可持续发展的要求，进而不断完

3

善与优化科技资源配置体系，属于较为新颖的探索性研究，具有较强的科学意义。

三是本书将区域经济学、空间经济学、管理学、地理学与环境学相关理论方法进行交叉融合，有助于实现基础研究和应用研究在理论、方法与技术手段上的交融和互补，具有较为重要的方法论意义。区域性和差异性历来是区域经济学研究的主要特点。创新绩效一直是反映区域创新能力与科技发展差异的显著标志。区域创新绩效由于受到资源禀赋、区位条件与历史积淀等诸多因素影响，在空间格局上表现出极大的差异性与不平衡性。对区域创新绩效进行系统研究和深入挖掘，是以往区域经济学较少涉及的内容，本项研究不仅能为城市经济学关于区域城镇体系的功能结构、层次结构和地域结构提供一定的理论借鉴，而且能为区域经济学提升区域创新绩效与优化区域科技资源配置提供新的研究思路。这对于构建科学合理的科技资源管理体系和配置机制，引导科技资源的合理流动和充分有效利用，集中有限的资源投入优先发展或重点培育的领域，推进科技资源在产业、区域、部门等方面布局的均衡化与合理化，从而大大降低科技资源配置过程中的重复浪费，提高科技资源投入效益，实现区域经济学、空间经济学、管理学、地理学与环境学等多学科研究方法与研究成果的相互借鉴、吸收和应用，是一种积极有效的探索。

四是本书从多维度、多视角、多层次深入揭示中国城市创新绩效的影响机制。本书在综合梳理区域与城市创新绩效国内外最新研究现状的基础上，根据中国城市创新绩效的时空演化趋势，揭示城市层级对中国城市创新绩效的影响机制，以及高铁建设与城市形态对于城市创新绩效的影响。厘清城市层级与创新绩效以及创新集聚之间的关系，探讨不同规模城市的创新绩效和创新集聚受城市层级影响的路径差异和阶段性特征，为增强中心城市和城市群等经济发展优势区域的创新承载和辐射能力，优化布局综合性国家科学中心和区域性创新高地，完善国家创新体系，建设中国特色创新型国家提供决策咨询和理论支撑。分析区域创新绩效的空间溢出效应及其影响因素，并运用门槛回归模型分析在不同经济发展水平条件下区域协同创新对创新绩效的影响机制，构建区域协同创新衡量方法体系，不同经济发展水平条件下区域协同创新对创新绩效的影响机制，为促进城市协同创新从而提升整体创新绩效提供实证依据，为中国城市创新全局建设提供决策咨询。最后构建中介效应模型实证分析外商直接投资在环境规制对绿色创新绩效影响过程中发挥的中介效应，并基于门槛回归模型，综合考察环境规制在不同 FDI 发展水平下对城市绿色创新绩效的影响机制。

1.3 研究内容

本书在综合梳理区域与城市创新绩效国内外最新研究现状的基础上，根据科技资源的内涵与结构，利用全国 286 个城市 2003—2017 年科技资源的相关数据，应用改进的数据包络分析方法（DEA）计算出各城市在不同时期的创新绩效，并分析其时空演化趋势，揭示城市层级对中国城市创新绩效的影响机制，以及高铁建设与城市形态对于城市创新绩效的影响。在此基础上，将环境约束的异质性引入中国省级区域创新绩效的分析，构建在固定规模报酬下考虑非期望产出的 SBM 模型，对比在不考虑非期望产出与考虑非期望产出两种情况下的中国省际创新绩效时空分异，并引入空间 Durbin 模型分析区域创新绩效的空间溢出效应及其影响因素，并运用门槛回归模型分析在不同经济发展水平条件下区域协同创新对创新绩效的影响机制，最后构建中介效应模型实证分析外商直接投资在环境规制对绿色创新绩效影响过程中发挥的中介效应，并基于门槛回归模型，综合考察环境规制在不同 FDI 发展水平下对长江经济带沿线城市绿色创新绩效的影响机制。具体来讲，主要包括以下几个方面的研究内容：

一是城市层级对创新绩效及其集聚的影响研究。首先从理论层面，基于企业投入产出视角，分析在企业创新产品供给和需求相等的均衡状态下创新集聚和城市层级的关系，通过建立两部分经济模型，阐释在均衡状态下创新集聚和城市层级的正向匹配关系。通过建立两部分经济模型，阐释在均衡状态下创新集聚和城市层级的正向匹配关系，在此基础上提出有关城市层级与创新集聚关系的研究假设。在此基础上，通过双向固定效应模型，实证分析城市层级对于创新绩效和创新集聚的影响作用，并利用面板分位数回归模型和门槛回归模型，揭示城市层级与创新绩效和创新集聚之间的非线性关系，分析不同城市层级对于创新绩效和创新集聚的阶段性特征。

二是高铁建设对城市创新绩效的影响及其机制研究。首先基于超效率 SBM-DEA 模型测算城市创新绩效，并以高铁建设作为一次"准自然实验"，通过时变 DID 方法，探究高铁建设能否促进区域创新。在此基础上，从分形维数、最大斑块指数和斑块密度三个方面来衡量城市形态，并检验城市形态的中介效应以探讨高铁对创新的影响在不同地理特征城市间的差异。双重差分模型常用于评估政策效应，本研究中关注高铁开通对城市创新绩效的影响。由于对各地级市来说，高铁开通是外生的，因此为研究提供了一个较理想的"准自然实验"。已有部分研究在构建空间权重矩阵的基础上采用空间双重差分的方法来进行分析，但是空间权重矩阵本身存在的内生性将会使回归结果存在偏误。因此，本研究基于不同城市开通高铁时间的年度差异，构建时变双重差分模型来进行研究。

三是环境约束下区域创新绩效的空间溢出效应分析。传统的 DEA 模型很少考虑投入产出的松弛性问题，且没有考虑非期望产出因素对创新绩效的影响，这可能造成得到的创新绩效与实际绩效水平之间存在偏差。因此，本研究在 Tone 提出的非径向、非角度基于松弛的 SBM 模型和考虑非期望产出的 SBM 模型的基础上，将非期望产出和要素"松弛"情况引入传统 DEA 模型，通过构建超效率 SBM-DEA 模型来测度中国区域的创新绩效。结合传统效率和生产率分析理论的最新进展情况，尝试将环境因素引入传统的科技资源配置效率分析框架，对科技资源配置效率融入不可忽略的自然环境因素，体现了可持续发展视角下的绿色创新理念；并沿袭绿色 GDP 视角，测度分析中国 31 个省级区域科技资源配置效率的时空分异与空间溢出效应，以生态经济学的理念和方法综合考察科技资源配置过程本身及其与生态环境的相互关系。这将有助于合理配置区域科技资源，盘活科技资源存量，实现国民经济的创新驱动和转型发展；有助于改善科技资源的高消耗与环境的高污染状况，加快形成科技资源集约利用与生态环境保护相协调的体制机制，为努力建设"创新中国"与"美丽中国"，实现中华民族的永续发展提供科学依据和技术支撑。

四是城市协同创新对创新效率的影响研究。以中国 62 个主要城市为研究对象，首先运用改进的 DEA 模型测度城市创新绩效，从科技人员流动、科技资金流动、科技论文合作、专利联合申请 4 个维度考察区域协同创新，并在此基础上运用门槛回归模型，综合考察区域间协同创新在不同经济发展水平下对创新绩效的影响机制。

五是基于外商直接投资的中介效应检验的环境规制对长江经济带绿色创新绩效的影响研究。运用考虑非期望产出的 SBM 模型，在测度长江经济带沿线 102 个城市 2004—2018 年绿色创新绩效的基础上，构建中介效应模型实证分析外商直接投资在环境规制对绿色创新绩效影响过程中发挥的中介效应，并基于门槛回归模型，综合考察环境规制在不同 FDI 发展水平下对长江经济带沿线城市绿色创新绩效的影响机制。

1.4 研究思路与技术路线

本书以区域经济学的基本理论为基础，借鉴空间计量经济学、管理学、地理学等学科理论与方法，采用理论分析与实证研究相结合、定量分析与定性指标相结合的研究手段，以中国城市为研究对象，从中国城市创新绩效的时空分异入手，研究城市层级对创新绩效及创新集聚的影响以及高铁建设能否促进创新绩效的提升，进一步研究城市科技资源配置效率的空间溢出，以及协同创新对创新绩效的影响机制，从而提出有利于优化中国城市创新空间布局，提升创新效率的政策建议。本书的技术路线图如图 1-1 所示。

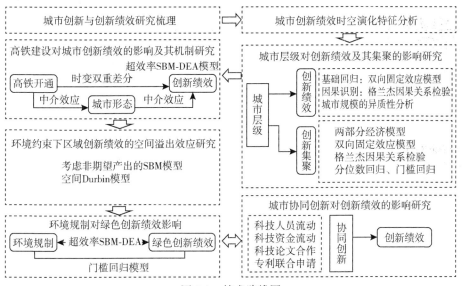

图 1-1 技术路线图

第 2 章　文 献 综 述

本章通过对国内外科技资源配置及创新绩效研究的系统梳理，总结关于创新绩效研究的现状、特征、方法与区域尺度，揭示目前关于区域创新绩效研究的不足，并提出深化区域创新绩效研究的具体思路，为研究的展开提供一定的理论与方法支撑。

2.1　创新系统研究

近十年来，关于创新系统的研究广泛展开，主要涉及国家创新系统和区域创新系统两个方向。在国外相关学者的研究中，Pietrobelli 和 Rabellotti（2011）分析了创新系统与全球价值链之间的作用关系，并探讨了创新系统与全球价值链之间的相互作用如何影响企业的学习机制，发现在全球价值链的不同治理形式中学习机制存在很大差异，高效的创新系统对治理全球价值链具有重要意义，同时创新系统还影响着全球价值链内部治理的演进过程；Filippetti 和 Archibug（2011）用宏观数据和微观数据分析了经济危机对于欧洲创新系统的影响，发现经济衰退对于欧洲不同国家的创新系统影响也有所不同，但从整体上看，人力资源的质量、高科技领域的专业化程度和金融体系的发展可以在一定程度上抵消经济衰退对于创新系统的影响；Samara 等（2012）采用系统动力学方法建构了一个集系统方法、计算机建模和仿真规程为一体的国家创新系统模型，通过分析创新政策对于产品创新和过程创新的影响分析创新政策对于国家创新系统的作用，并利用一个低于欧盟平均创新水平的国家数据探究了创新战略的时间有效性；Marxt 和 Brunner（2013）通过系统学方法及合适的国家创新体系框架，分析了瑞士当前的创新体系，并探究了如何通过持续扩张和加强国家创新体系建设来保持国家领先地位的问题，在此基础上为瑞士政府提出了 9 项改进建议，并在两年后报告了这些建议的执行情况；Castellacci 和 Natera（2013）测度了 87 个国家 1980—2007 年的国家创新能力和吸收能力指标，利用协整检验研究了这些国家创新能力和吸收能力之间的长期关联和共同进化模式，发现国家创新体系的动力是由创新投入、科学产出和技术产出三个创新能力变量和基础设施、国际贸易和人力资本三个吸收能力因素共同进化而来的；Hajek 等（2014）利用无监督学习过程产生的自组织图对欧洲区域创新系统各个组成部分的模式进行了可视化和研究，发现由于各区域创新系统之间的强相互关系，区域创新系统的组成部分的多样性也存在着相似关系，且知识密集型区域对空间上接近的追赶区域有积极影响，暗示了欧洲地区的经济增长与欧洲经济一体化和创新创业活动水平可能有关；Alexander 等（2015）在分析俄罗斯科技创新的发展趋势的基础上对俄罗斯国家创新体系优化的前景进行了评价，并对俄罗斯科技创新的历史经验进行了比较分析，认为俄罗斯政府倾向于维护传统制度，而这种政策结果的外推表明俄罗斯的国家创新体系有可能在不久的未来进一步恶化，因而有必要制定一项国家创新体系发展战略，政府也必须在该战略中激励创新体系的私营公司、企业家和大学等创新主体；Kılkış（2016）提出了一种适用于新兴和创新型经济体样本的综合四层分析方法，用于评价创新系统的优先级和性能分析，在考虑了创新系统的 6 个主要活动和功能动态以及一组 19 个涉及可再生能源技术、能源效率和环境管理的关键词基础上，对巴西、俄罗斯、印度、中国、南非、土耳其和新加坡 6 个新兴经济体的创新系统各主要相互作用中的优先事项作了相应的分类，并将优先级与关键字中现有的专门化级别进行比较；Oliveira 等（2017）通过对巴西南部巴拉那州一个区域创新系统的 7 个关键参与者进行定性研究以及实证检验，发现与高等教育机构的密切关联、与区域系统之外的知识行动者存在中间关系的治理体系、构成区域创新系统公司关系网络和知识吸收能力的机制，以及提供诸如激励、资金、基础设施等公共支持是开放性创新实施的一些决定因素和基础条件，而区域创新体系为开放创新实施提供了有利的环境；Kwon 和 Motohashi（2017）使用基于代理的建模和模拟来确定美国和日本的国家创新体系的优缺点，发现日本国家创新体系在消费需求快速变化、增量创新至关重要的行业中处于优势地位，相比之下美国国家创新体系有利于需要经常进行彻底创新的行业，而在长期业务关系突出的情况下，在一个根本性创新至关重要的行业中，过度依赖内部研发比开放式创新更具优势；Hamid 等（2019）以都市紧密度指数为基础，探讨美国都市紧密度与区域创新能力之关系，发现都市紧密度指数的 3 个指标——专利平均数、企业创新和创新小企业数量——与都市紧密度指数呈正相关，表明扩张的区域可能会阻碍创新能力，而紧凑的区域可以通过提高场所和城市便利设施的质量，消除创新产生的物理障碍。

国内的学者也展开了大量的相关研究：Gao 等（2010）利用可以反映创新系

统非线性特征的规模独立指标，分析了中国转型期的国家和区域创新体系，国内研发支出总额与 GDP 比例显示，在 1995—2005 年，中国国内研发支出总额呈现出较强的非线性增长趋势，特别是西部地区的国内研发支出总额增长要比中部和东部慢得多，而论文和专利与 GDP 的比值则反映了中国科技产出的速度要高于经济增长速度；Chen 和 Guan（2011）通过一种偏最小二乘的结构算法将决定创新系统的因素纳入基于 Romer 生产函数的综合框架，检验和分析了我国十五期间区域创新系统的周期性运行状态，认为我国区域创新系统在大多数功能结构方面的表现良好，但在考虑创新环境和创新过程互动效应下，中国区域创新系统的系统性思维则表现欠佳；Gosens 和 Lu（2013）阐释了新兴经济体的技术创新体系的形成，并基于落后的创新体系依赖于全球创新而领先的创新体系则提升全球创新水平的思想，建构了相对于全球技术前沿的分析框架，以中国风电为例进行了实证研究，发现中国对于国外知识和投资的依赖有所下降，但对全球创新的贡献也相对有限；Li（2015）从经济地理和区域创新体系的角度出发，基于 2009 年 30 个省级地区的 29 个二位数字产业制造业数据集，考察产业集聚是否以及如何影响其创新产出，发现中国地区间确实存在行业内的专业化外部性，而区域制度因素进一步缓和了这些影响，表明本土化经济的效益取决于区域制度的发展；基于中国 30 个地区的官方政府统计数据，Zhao 等（2015）提出将有序多维尺度和聚类分析作为研究区域创新系统的一种稳健方法，并分析了中国创新项目区域合作的新模式，结果表明组织间的区域合作可以通过公共与私人组织心态、公共与私人资源、创新能力与可用基础设施、创新投入与创新产出之比、知识生产与知识传播、协作能力与协作输出 8 个维度进行分类，而旨在产生创新的合作则可以分为高度专业化的公共研究机构、公立大学、私营企业和政府 4 类，并根据这四个创新主体的区域代表性案例的比较提出了促进我国区域创新合作的政策措施；Zeng（2017）基于经合组织-世贸组织 Tiva 数据库中的 59 个国家样本，以"研发支出占国内生产总值的百分比"作为输入变量，以"研发及相关业务活动对制造业增加值出口的贡献"作为产出变量来衡量中国创新体系的效率，发现自 2009 年以来中国在创新体系中创新效率显著提升，但仍然落后于其他主要的全球创新参与者，中国仍有一些改进空间，以便将其不断增加的研发和技术创新投入转化为相应的产出；Wu 等（2017）在追踪 1998—2009 年中国国家信息系统、政府主导的研发投资、劳动力流动和农村经济增长的纵向数据的基础上，通过技术政策和国家创新系统结构的变化分析了政府对促进国家创新系统框架内农村部门中社会企业家行动方面的作用，结果表明国家创新体系对农村经济增长具有积极作用，但这种积极作用在中国沿海和内陆地区各不相同；基于创新的投入和产出，以及创新的环境和创新的管理能力 4 个方面的指标和内容，Shan(2017)以指标体系的方法比较了浙江省杭州和浙江宁波两个地级市的创新能力差异，并据此提出了提高区域创新能力的建议；Chen 等(2017)通过构建区域生态创新评价指标体系，对 2000—2014 年我国 30 个省份的区域生态创新水平进行了评价，分析认为生态创新水平总体上显著提高，但是生态创新指数的区域比较显示我国从东到西的分布格局呈现出明显的逐渐下降的趋势，对影响我国区域生态创新因素面板的数据分析表明技术推动、市场拉动、环境调节拉动等因素对我国乃至东部、中部和西部地区的生态创新产生了积极但不同的影响，促进技术推动、市场拉动和环境调节拉动的区域协同是提高我国生态创新水平的必要条件；Hao 和 Deng(2019)选取我国 9 个资源型区域作为研究对象，采用变系数面板模型和面板阈值模型对创新能力在优化能源消费结构中的边际效应和阈值效应进行量化，发现这些区域的能源消费结构较低，区域经济发展主要依靠低等级能源，而边际效应反映出明显的异质性，同时还发现这些区域存在双阈值和独特的驱动机制，即"负驱动→强正驱动→弱正驱动"，当低于第一个门槛时创新的改善将导致能源消费结构的退化，政策制定的关注点应该是升级产业结构、优化人力资源结构以及防止"人才流失"。

通过近 10 年来国内外的相关研究我们可以发现，国外研究大多集中于在全球视角下，比较不同的国家创新系统的水平和能力，而国内学者早期也主要通过与世界发达经济体和新兴经济体的比较，探究中国国家创新系统发展过程中的优势和不足。随着中国创新能力的不断提升，近 5 年来国内的相关研究更倾向于国内不同区域间创新系统的比较，以分析中国不同地区的区域创新系统的动力、机制、影响因素和不足之处。

2.2 协同创新研究

国外关于协同创新的研究较多且涉及的内容也比较广泛：Danowski(2010)认为协作创新网络通常是以个人为节点来定义的，但是组织中的部门或更高级别的单位可以被视为对形成合作创新网络更感兴趣，而以高校新闻报道中部门名称的共现为基础对高校跨部门协作网络分析的结果证明了在高于个人的分析水平上识别协作创新网络的表面有效性和实用性；Pandza 等(2011)认为协作多样性是建立在纳米技术等通用技术出现的基础上的研究网络的内在特征，出于对高度合作多样性可能会给网络成员在跨国家和机构边界共享知识方面带来管理挑战的考虑研究了合作研究网络的配置，并考虑了其国际性、机构性和多样性，并探讨了欧洲政策机制对合作研究网络国际和机构多样性的影响，发现纳米技术研究网络确实具有很大程度的协作多样性，这反过来暴露出参与成员需要开发战略能力来管理不同网络中的研究；Fawcett 等（2012）认为信任是协作创新能力的核心，而没有信任的基础，合作联盟既不能建立也不能维持，并通过运用两阶段定性研究的方法发现了管理者既不了解信任的本质，也不了解信任建立的动态，因而制定了协作信任的定义，描述了信任成熟度框架，并讨论了信任的竞争能力，最后提出了一个动态系统模型，阐述了建立信任以提高协作、创新和竞争效率的过程；Oke 和 Kach（2012）研究了与生产相关的工作分包、外包以及与非供应链合作伙伴的合作对小型制造企业经营创新的影响，并通过关注运营创新在关系中潜在的中介作用，研究了这些外包和协作策略对小企业效率的影响机制，从对 476 家小型制造企业的数据进行结构方程建模分析的研究中发现外包、分包和与非供应链合作伙伴的合作与运营创新正相关，经营创新充分中和了分包对财务效率的影响，但部分中和了外包和与非供应链合作伙伴合作对小企业财务效率的影响；Letaifa 和 Rabeau（2013）调查了一个未能合作的信息和通信技术创新集群，并探讨了地理、制度、组织、认知和社会近邻之间的相互作用，发现社会接近度是实现协作的最重要的接近度，而地理接近度可以成为社会接近度的障碍，但地理距离被视为企业家精神和创新的加速器，并认为高认知、组织、制度和地理接近性并不会促进交流和协作，地理邻近还可能对社会邻近产生负面影响；Ozcan 和 Islam（2014）采用了一种可以对准确的专利数据查询产生重大影响并提高纳米技术等新兴领域专利分析可靠性的新分类法，研究了纳米线领域的技术转移过程，特别是研究了专利合作是如何发生的，以及关键参与者如何相互作用来支持这一过程，利用专利网络分析来可视化组织、国家和国际层面的行动者、集群及其关系，结果发现一些国家拥有高度集中的网络，其中大型组织主导着大多数联系，例如韩国三星集团，而像美国和日本这样的国家有一个更加分布式的网络供学术和工业参与者之间相互联系，中国的富士康和清华大学等大型机构之间存在单一联系，这也是合作创新的关键所在；Ivanova 和 Leydesdorff（2014）通过数学模型发现科学—商业—政府的三螺旋系统存在自相互作用，由此表明三螺旋系统自组织的波动就是可期的，而双螺旋系统则由其线性结构决定，基于该思想，创新系统可以预期具有分形结构，且不同规模的创新系统可以被视为在笛卡儿空间范围内，此外也阐释了新兴技术将更加多样化，但其生命周期将比以前更短的结论；Salimi 等（2015）认为大学与工业之间的合作博士项目是大学与工业协同创新的一个重要方面，对埃因霍温理工大学 448 个博士项目进行了实证研究，发现在工业效率(专利数和专利引用数)和学术效率(专利引用数)方面，合作博士项目优于非合作博士项目，然而当仅通过查看顶级出版物来衡量学术表现是一种更为受限的方式时，可以观察到合作博士项目不再优于非合作博士项目，表明没有任何理由让大学在出现这种机会时保留参与合作博士项目的权利；Arora 等(2016)利用英国创新和专利使用调查和社区创新调查的数据来评估专利与协同创新之间相互冲突的观点，认为专利和外部采购(开放)都是由公司共同决定的，它们之间的关系取决于公司在技术上是否优于竞争对手以及是否在市场上处于领先地位，与追随者相比领先企业在合作过程中更容易受到非预期知识溢出的影响，因而由于开放性而增加的专利对领导者的影响要高于追随者，最后开发了一个简单的框架并通过评估专利和合作之间的简化形式关系测试领导者与追随者之间的联系；Noni 等(2018)认为在瞬息万变的区域经济中缺乏创新的欧洲地区必须通过区域间合作积极努力缩小与知识密集型地区的差距，通过探索合作专利程序衡量了欧洲落后地区的地方创新组织开发内部和外部能力，并利用区域一级的专利数据组织了一个为期 7 年的小组数据集(2002—2008 年)，验证了合作正在积极影响落后区域的创新表现，并讨论了欧盟政策对落后地区的影响。

在国内相关研究中，Wang 等(2012)认为协同创新理念在学者和实践者中得到了广泛的确立，然而对其对国家创新体系影响的概述仍然缺乏，并鉴于创新企业是国家创新体系的核心，更好地理解企业层面的创新战略转移对于国家创新体系框架内的决策者的行动具有根本意义，因而基于国家创新体系的主要分析方法和协同创新研究的现状，研究了协同创新对国家创新体系的影响，结果表明协同创新强化了创新的重要性，提高了创新的有效性，并使创新网络多样化；基于 2002—2011 年中国 30 个省级区域的面板数据，Jiao 等(2016)探讨三螺旋创新的核心组成部分——企业、大学和研究机构——的研发投资如何帮助中国新兴经济体建立区域创新体系，结果显示企业、大学和研究机构的研发投资是区域创新体系的重要驱动力，研发投资的有效性取决于当地生产商和知识使用者之间的互动，当知识生产者与使用者之间的互动日益活跃时，企业、高校和科研院所的研发投入对区域创新体系的构建有着较强的影响，而地方生产者与知识使用者之间的互动与区域创新体系的构建呈倒"U"形关系；Xie 等(2016)以中国高科技企业为研究对象，运用模糊集定性比较分析研究了协同创新网络的网络规模、网络异质性、网络连接强度和网络中心性对企业知识转移效率的影响因素，发现网络规模、网络连接强度和网络中心性的存在决定了知识转移的效率水平，而网络异质性对知识转移效率的影响并不显著；Zhou 等（2016）通过数学模型推导和仿真分析，分析了风险约束下企业协同创新投资组合的决策，发现企业对协同创新的投资具有较为明显的稳健效应，在协同创新方面投资回报与风险并存，而在风险约束下稳健优化方法可以在不同的投资目标收益条件下求解投资组合中各投资方案的最小风险和比例，由此企业可以在投资收益和风险之间进行平衡，对投资方案做出最优决策；Wang 和 Hu（2017）以知识管理和创新能力理论为基础，采用分层多元回归和适度多元回归方法，对我国 236 家企业进行了调查，以分析创新效率的各类影响因素间关系为切入点，探究了协同创新的运行机制，发现协同创新活动、知识共享、协作创新能力与企业创新表现之间有较强的正相关作用，而知识共享在协同创新活动与企业创新表现之间起着部分中介作用，协同创新能力对协同创新活动-创新表现关系具有一定的调节作用；Yang 和 Chen（2017）基于对 451 家高科技制造企业的访谈和调研，探讨了资源闲置对企业协同创新效率之影响，发现尽管价值链和科学合作伙伴之间的合作对企业的创新表现有积极影响，但未被吸收的松散资源却在这些积极影响中起着重要的积极调节作用，而吸收的闲置资源仅对创新表现有直接的积极影响，对科学合作却没有显著的缓和作用；Liu 等（2017）基于协同创新理论，分析了近年来比较成熟的几种新能源汽车及其创新技术，构建了宇通新能源汽车协同创新五个阶段的推进战略框架，并通过三螺旋理论分析，分析总结了"政府—产业—大学—研究机构"在宇通新能源汽车创新战略中的作用，以及政府、相关企业、高校和研究机构在宇通新能源汽车创新战略中的所扮演的角色，最后分析了宇通新能源汽车发展的阶段以及宇通商业模式创新与技术创新的合作，从而研究了未来的创新战略和开拓国际市场；Zhang 和 Tang（2017）基于 39 家电信、电机、汽车、制药等行业的创新企业 13 年的专利数据，通过包含了双模网络在内的多个网络分析了员工之间的技术异质性以及企业技术的组合潜力之间的相互作用效应，发现员工的协同广度对企业的创新表现有积极影响，员工之间的技术异质性则缓和了协同广度与创新表现之间的关系，而企业技术的组合潜力加上员工之间的技术异质性对这种关系也产生了缓和作用；Chi 等（2018）基于技术推动和需求拉动的视角，通过对 184 家中国企业的实地调查，结合作战能力层次论的观点，提出了协同创新能力等更高层次作战能力的前因后果模型，并研究了协同创新能力的驱动因素及其对数字协同能力的影响，发现平台技术与协同业务需求的契合是协同创新能力的关键驱动力，而更高层次的作战能力（即协同创新能力）对更低层次的作战能力（即数字协作能力）产生影响，尤其是配合度对数字协作能力的影响完全是由协作创新能力介导的；Zhao 等(2018)以中国、韩国、德国等国的高端医疗器械知识密集型竞争联盟为实证研究对象，通过分析外部控制机制(资源投入机制)和内部互动机制(不同知识行为之间的互动)，揭示了知识密集型竞争联盟的协同创新原则，发现资源投入机制是最重要的外部控制机制，能够改变协同创新的周期，而在协同创新过程中，知识创造与知识应用之间存在高度的非线性正相关，且协同创新并不依赖于知识交易，同时无论资源投入机制的作用是什么，知识密集型竞争联盟的协同创新都能够在不同知识行为之间的相互作用下自发地进入一种新的稳定状态。

从国内外关于协同创新的研究中我们可以发现，国外对协同创新的研究较早，既涵盖理论研究，也包括实证研究，且研究对象在选择上比较宽泛；而国内的协同创新研究则主要集中在最近 5 年，研究对象主要集中在企业和区域两个维度，同时大多国内协同创新研究为实证研究。

2.3　创新绩效研究

注重科技创新的绩效已经在国内外学术界达成基本的共识，在此基础上相关研究大量展开，以期为创新效率的提升和国家、地区发展提供有效的数据支撑。在国外，Ciabuschi 等(2012)通过总部参与对 71 个附属创新项目绩效的影响研究，比较了跨国公司总部知识状况的有限理性视角和纯粹无知视角，认为当涉及总部的角色和总部参与子公司层面的创新过程的影响时，不同视角会导致不同的期望，且总部参与创新发展和转移对这两个过程的效率都有负面影响，同时，与有限理性观点相比纯粹的无知观点可能更准确地描述总部的知识状况；Matei 和 Aldea(2012)基于美国专利局数据库数据，通过数据包络分析和 Bootstrap 方法测度了欧盟 27 个成员国以及克罗地亚、冰岛、挪威、瑞士和土耳其国家创新系统的创新效率，并对这些国家的创新绩效进行了排名；Cázares 等(2013)采用西班牙制造企业 1992—2005 年的样本进行了两阶段的实证分析，通过对第一阶段创新过程的两个投入和两个产出进行考察，采用跨期数据包络分析法估计了技术创新绩效，并根据全局 Malmquist 指数观察了每年的效率变化，第二阶段运用广义矩量法分析了技术创新效率对企业效率的影响，验证了技术创新成果的最佳衡量标准是开发它们的效率，还发现技术强度水平和企业规模对表现—效率关系的缓和作用；Hienerth 等(2014)以白水皮划艇领域 50 多年产品创新为例，对产品使用者与产品生产者的创新发展相对效率进行了实证研究，发现用户开发重要皮划艇产品创新的效率比生产商高出约

3 倍，这一结果可能是由我们所说的解决问题的"范围效率"驱动的，这有助于聚集许多用户创新者而不是减少从更高的产品开发规模经济中受益的创新者；Carayannis 等（2016）以数据包络分析为基础，考虑创新过程不同阶段、不同层次的目标和约束条件，建立了多目标数学模型，提出了一个适用于 23 个欧洲国家及其 185 个相应区域的国家和地区创新效率综合评价和分类框架，并基于序数回归模型的多准则决策辅助方法，研究了创新和创业的环境因素如何影响评估的创新效率，发现不同阶段、不同层次的创新效率存在较大差异，表明创新绩效与预期指标存在显著差异；为从早期创新的角度分析欧洲国家创新绩效，Kontolaimou 等（2016）将发达国家从不同发展中国家/转型国家的技术所产生的创新纳入前沿框架以计算潜在的技术差异和差距，Bootstrap-DEA 的结果表明发展中国家/转型国家的平均技术差距是发达经济体的两倍，然后基于创新效率和技术差距测度介绍了欧洲国家的国家战略定位、国家吸收能力和知识溢出效应有关的特征，同时第二阶段的结果还反映了受必要性驱动的创业活动阻碍了欧洲在生产创新中采用先进技术；Greco 等（2017）从理论上介绍了开放式创新绩效的概念，分析了开放式创新的公共政策动因，并基于对 43230 家欧洲公司的广泛样本分析，通过评估地方、国家和欧洲当局提供的资金与开放创新绩效之间的关系，证实了公共补贴的三种类型与受益人的合作有关，发现地方和国家补贴也与开放式创新效率有关，但欧洲补贴与开放式创新效率没有显著的统计关联；Namazi 和 Mohammadi（2018）认为创新水平低的国家容易面临以资源为基础的发展挑战，如经济增长乏力、体制薄弱和腐败、政治不稳定、民众普遍生活条件差，而精英阶层则富裕地生活着，因此在分析自然资源丰富经济体的创新能力和成熟度时，采用了基于与理想解相似的偏好排序技术的数据包络分析，以探讨在自然资源丰富的经济体中如何促进创新从而使其免受资源诅咒，分析表明没有高创新效率的国家在提高其创新效率和发展方面的潜力很低，同时对自然资源出口的高度经济依赖或政治稳定性差可能导致各国陷入这一困境，尤其是那些不创新而主要依赖石油出口的国家；Lee 等（2019）运用基于数据包络分析的全局 Malmquist 生产率分析来评估和比较协作的创新效率，然后通过聚类分析对协作类型进行了特征化描述并分析了所配置的协作类型的特点，最后通过分析创新绩效来评价协作类型的效率，发现从发展协同创新策略和协作模式的角度出发数据包络分析可以应用于创新管理领域，并证实了数据包络分析测度的创新效率可以为合作创造的管理策略提供支持，此外不同合作类型也显示出显著不同的创新特征和效率，考虑到技术强度韩国在未来需要采用差异化的协作策略；Kim 和 Shin（2019）以销售为产出因子，以员工人数及创新活动成本为投入因子，采用了输入导向的数据包络分析和 Kruskal-Wallis 单因素方差分析相结合的方法来衡量韩国 72 家物流公司的创新绩效，并测试了作为信息来源的高等教育机构和研究与发展机构在衡量的创新效率值上的分布是否存在差异，发现韩国物流企业往往不把高等教育机构和研发机构作为实现其物流创新的重要信息来源，而如果完全排除或不考虑物流企业创新活动的信息源，物流企业的创新效率可能较低。

国内关于创新绩效的研究也广泛展开：Guan 和 Chen(2010)从系统的角度出发，结合关联网络数据包络分析，构建了一个新的典型创新生产过程的测量框架，为整个过程和内部子过程(上游研发过程和下游商业化过程)提供了系统、同步的效率度量模式，并将其应用于中国高科技创新的跨区域实证研究，为中国高新技术创新效率低下提供了深层次的证据和一些政策建议；Yun(2011)通过面板数据经济计量分析和 Malmquist 指数分析发现区域创新模式不是以效率为导向的，而区域差异较大可能导致包括研发、技术机遇、创新在内的创新轨迹具有自增强效应，并对如何提高创新绩效提出了相应的建议；Guan 和 Chen(2012)将创新过程分解为上游的知识生产过程和下游的知识商业化过程，并通过网络数据包络分析模型测度了 22 个经合组织成员国的创新系统效率，发现上游的研发效率与下游的商业化效率存在较大的等级差异，而国家创新系统整体的创新效率则由下游的商业化效率主导，经合组织成员国在未来应当更加注重提升下游商业化效率，此外还通过偏最小二乘法验证了制度环境对创新效率的影响；Lu 等(2014)通过非径向非角度的网络数据包络分析模型测度了 30 个国家和地区创新系统的创新效率和经济效率，发现创新效率要明显高于经济效率，然后又通过截断回归探究了智力资本对于国家和地区创新系统效率的影响，结果表明智力资本会对国家和地区创新系统的效率产生显著的正向影响，最后基于管理决策矩阵提出了提升国家和地区创新系统绩效的政策和建议；Chan(2014)通过检验那些在将新想法或技术转化为已授予专利方面效率较低的公司是否更及时地确认损失，探讨了台湾省研发公司知识资本输出对台湾省企业非对称收入及时性的影响，发现创新绩效与非对称收入及时性之间存在负相关，且这在高研发密集型企业中更为明显，而随着 2003 年证券和期货投资者保护规定的出台，在建立集体诉讼机制之后，低创新效率公司表现出更明显的收益保守主义特征；Gao 和 Chou(2015)以研发费用和研发资本作为衡量创新效率的指标，测度了跨国公司在创新活动中的绩效，认为跨国公司在整体运营中所引起的信息不对称等问题可能导致了其创新效率低下，并据此对跨国公司的创新效率提出了政策建议；Song 等(2015)运用动态面板数据模型，对 2003 年至 2008 年 269 家民营上市公司进行实证分析，研究政治关系对融资约束的影响，并通过对企业创新效率的影响探讨了政治关系导致融资约束的差异性，发现在不完全竞争的市场环境下，"看得见的手"和"看不见的手"同时支配着市场资源，具有政治联系的企业确实比不具有政治联系的企业面临更少的融资约束，而这种资源分配模式直接导致了社会资源分配的扭曲，为了提高我国民营企业的创新效率，政府应启动长期变革并提供强有力的短期监管，同时企业自身要加强内部管理、合理使用资金、优化资源配置、积极开展有利于长远发展的创新型生产研发活动；Hong（2016）应用随机前沿模型和我国 17 个高新技术产业 2001—2011 年的面板数据集探讨了政府补助对这些产业创新绩效的影响，发现近 10 年来高新技术产业的创新效率迅速提高，但是政府补助对高新技术产业的创新效率却产生了负面影响，而私人研发资金的影响是显著和积极的，此外将高新技术产业分为 5 个子产业后进一步研究发现政府补助对各个子产业创新的影响是不同的；Wang 等（2016）采用非径向数据包络分析方法构建了研发效率、市场效率和综合创新效率的指标体系，利用这些指标和数据对 2009—2013 年我国 38 家新能源企业进行了实证研究以分析新能源企业在研发过程和营销过程阶段的创新活动效率，发现新能源企业在创新方面通常效率低下且这在创新的研发阶段尤其如此，不同类型的新能源企业在创新效率上存在差异，其中核电企业在综合创新和营销方面效率最高，而风能企业在研发创新方面效率最高，太阳能企业在研发效率方面落后于其他企业，此外只有少数企业认为创新活动是"有效和集约的"，大多数企业认为创新活动是"粗放和低效的"，不同创新和营销效率模式的企业应根据效率特点，实施有针对性的改进策略；Li 等（2018）通过数据包络分析模型和环境因素对西安市 2006—2015 年技术创新效率进行了测算，并探讨环境调节对创新型城市技术创新效率及其时空演变的影响，发现低规模效率是制约西安创新型城市技术创新绩效的主要因素，而环境法规对西安市技术创新效率没有影响，表明"波特假说"是站不住脚的，此外网络 DEA 模型的两个子系统（研发和技术改造）的纯技术效率和规模效率存在一定差异，其中技术改造过程在西安市创新体系中具有更为重要的目标地位；Li 等（2019）考虑到各阶段之间的相互关系以及非操作因素的影响，提出了一种基于广义三阶段 DEA 模型、灰色关联分析理论和差异分解模型的新框架，然后测量了 2009 年至 2014 年中国半导体行业创新的技术效率、规模效率和纯技术效率，并对创新投入进行了预测分析以及对整个产业链和每个细分市场的创新效率进行了差异分析，分析表明我国半导体产业整体创新效率不断提高，但产业链各环节的发展趋势和创新效率水平各不相同，除包装测试外的所有部门均呈现持续上升趋势，创新绩效低是制约产业链设计、制造和设备领域进一步改进的最重要因素，但与之相反的是在软件包测试部分纯技术效率是主要因素，此外在整个产业链中存在一系列的投入冗余，主要集中在制造业和设备业两个资本密集型的部门。

国外创新绩效的研究早期大多集中于企业的创新过程，而后逐步向国家创新绩效和区域创新绩效方向发展，注重不同国家、不同产业之间的比较；国内创新效率研究则不同，早期就关注于国家和区域的创新效率，而后向更为具体的城市创新效率过渡，注重影响创新效率的不同因素，并为宏观经济发展提供意见。

2.4 国内外研究现状评述

通过对创新绩效的国内外相关研究的比较可以看出，无论是国内研究还是国外研究均强调国家在创新绩效中的重要作用。科技资源配置活动具有的外部性等特征，决定了政府在科技资源配置中具有重要作用。政府参与科技资源配置，一方面可以弥补市场失灵，引导社会资金流向，从而有助于创新绩效的提高；另一方面可以促进科技服务于国家经济发展，有利于国家整体战略目标的实现。与此同时，国内外相关研究在研究内容和方法上也存在一定差异，主要表现在以下几个方面：

一是研究内容的侧重点不同。通过比较，可以发现国外关于创新绩效的研究主要集中在研发资源配置方面，且以企业为主要研究对象，而国内关于创新绩效的研究则强调整体的科技投入与产出，且以区域研究为主。这种研究内容的差异主要是在发达国家的市场经济中，企业基本代表了研发活动的主体与整个社会的创新能力，因此国外创新绩效研究的重点在于企业研发资源配置效率。而在我国，虽然企业作为研发活动主体的地位已经确立，但企业与高校、科研单位的联系并不紧密，在资源配置过程中仍存在科技成果转化、科技与经济互促性等问题。因此，我们必须从整体区域单元上考虑全社会创新绩效问题，而不应仅仅限于对研发活动和企业层面的研究。

二是研究尺度上的差异。国外关于创新绩效的研究主要是从国家层面开展论述，通过对比不同国家创新绩效的异同，找出优化创新绩效的方法。而在国内，由于区域科技资源禀赋与区位条件差异巨大，以从不同角度构建创新绩效评价指标体系，运用不同方法评价省级层面或是某一特殊区域的创新绩效为主。基于省级层面的研究，可以较好地展现区域创新绩效发展大格局，但是却忽略了省内区域创新绩效的非均质性；基于特殊区域的研究，又难以从全国层面展现不同省域创新绩效的差异。就与区域科技政策而论，同样的区域科技政策在同一省份的不同区位上也会产生不同的政策响应，因此往往存在省级层面分析单元过大、特殊区域研究又不具有普遍性的弊端(李小建，2001)。在知识经济大潮下，城市的全球化与智慧化正成为所有城市共同经历的过程，城市作为国家创新系统的主体地位也日益突出(吕拉昌，2010；薛德升，2010)，有鉴于此，需要对中国城市创新绩效进行研究，揭示其创新绩效的一般规律。

三是研究方法存在差异。国外关于研发资源配置问题的研究更注重对各国研发数据的比较和影响研发资源配置行为的因素的分析且以微观因素为主，如企业规模、行业特性等。而国内关于科技资源配置问题的研究主要集中在科技资源配置中存在的问题和对策的研究，并强调对科技资源配置效果的测度研究，但是国内关于科技资源配置效果的空间溢出效应分析则较少涉及，对于影响因素的创新绩效的研究假设忽略了空间效应，从而导致对中国创新绩效的影响因素分析结果和推论不够科学、完整，缺乏应有的解释力。此外，现有的研究所采用到的指标体系还不够全面，对环境与生态因素的考虑相对欠缺，也缺少对可持续发展的考虑。基于以上认识，有必要建立科学合理的创新绩效评估指标体系和效益评价模型，以期对中国范围内不同行业、不同城市进行创新绩效和效益评估，为政府行政主管部门提供科技资源科学管理的决策依据，为实现科技资源可持续利用等提供参考和借鉴。

第3章　中国城市创新绩效的时空格局分析

新古典经济学家保罗·罗默的内生经济增长模型提出，技术进步是经济增长的核心。伴随知识经济发展和科技全球化的到来，国家创新能力对实现社会经济发展目标将起到关键性的作用，创新已经成为衡量一个国家核心竞争力的关键因素。作为创新活动物质基础的科技资源通常被称为"第一资源"，其是指为了实现科学技术的不断进步而进行的人力、财力、物力、信息等科技要素投入的总和。研究表明，科技资源投入的数量与质量是构成国家创新能力的重要基础，从根本上决定着这个国家的创新水平和创新绩效（周寄中，1999）。科技资源的优化配置对于合理分配科技资源、盘活科技资源存量、实现国民经济的创新驱动和转型发展具有重要意义，已越来越成为当前经济地理学中的热点议题。一直以来，国外关于科技资源配置的研究在宏观方面主要是从国家层面展开的，通过科技政策、科技计划的实施来实现国家科技资源配置（Cantner，2001）。科技资源因为具有某种公共物品性和正的外部性（Dietzenbacher，2002），因而存在市场配置失灵的地方，政府公共政策的供给就成为弥补市场失灵的有效途径（Pownall，1997）。宏观科技资源的配置研究始于 Nelson 的创新体系理论，Nelson（1986）最早对各国的科技资源配置方式、科技政策内涵、科技经费来源、研发支出等进行比较。Leoncini（1998）通过对德国和意大利科技体系的分析，指出科技资源配置路径选择的关键影响因素是科技政策与制度对技术演化的作用。Ekboir（2003）认为随着科技资源配置复杂性的增加，科技政策应相应越来越具有针对性与时效性，科技政策应根据科技环境的变化及时调整。在微观层面的科技资源配置研究主要是从企业层面展开的关于研发资源配置的研究。Scholefield（1994）提出企业战略中应融入商业杠杆与技术杠杆原则进行研发资源配置。Segerstrom 和 Zolnierek（1999）指出政府的研发补贴与税收优惠等科技措施使热衷于研发投资的企业更具有成本优势。Peyrefitte 和 Brice（2004）指出研发活动的效率决定了边际研发资源配置。Liu 和 Shieh（2005）发现国家研发补贴与企业自有资本金之间存在正相关关系。在研究方法上，国外学者主要采用德尔菲法、系统动力学方法、马尔可夫过程、

层次分析法等方法，建立相应的决策模型以实现对研发资源优化配置的模拟
（Khorramshahgol，1986；Liberatore，1987；Iyigun，1993；Brenner，1994；
Schmidt，1996；Hansen，1999；刘玲利，2007）。

　　在发达国家的市场经济中，企业基本代表了研发活动的主体与整个社会的
创新能力，因此国外科技资源配置研究的重点在于企业研发资源配置。而在我
国，虽然企业作为研发活动主体的地位已经确立，但企业与高校、科研单位的
联系并不紧密，在资源配置过程中仍存在科技成果转化、科技与经济互促性等
问题。因此，我们必须从整体区域单元上考虑全社会科技资源配置问题，而不
应仅仅限于对研发活动和企业层面的研究。目前国内对科技资源配置的研究主
要集中在定性分析区域科技资源体系内涵、配置机制与能力，以及其制度影响
因素等方面（宋宇，1999；师萍，等，2000；陈健，2005）。定量研究也主要
是强调区域整体的投入与产出，从不同角度构建科技资源配置指标体系，运用
不同方法评价省级层面或是某一特殊区域的科技资源配置效率（牛树海，等，
2004；魏守华，吴贵生，2005；王蓓，等，2011；管燕，等，2011；范斐，
等，2012；陈修颖，等，2012）。基于省级层面的研究，可以较好地展现区域
科技资源配置效率发展大格局，但是却忽略了省内区域科技资源配置效率的非
均质性；基于特殊区域的研究，又难以从全国层面展现不同省域科技资源配置
效率的差异。就区域科技政策而论，同样的区域科技政策在同一省份的不同区
位上也会产生不同的政策响应，因此往往存在省级层面分析单元过大、特殊区
域研究又不具有普遍性的弊端（李小建，乔家君，2001）。在知识经济大潮下，
城市的全球化与智慧化正成为所有城市共同经历的过程，城市作为国家创新系
统的主体地位也日益突出（吕拉昌，李勇，2010；薛德升，等，2010），有鉴
于此，本部分尝试利用改进的数据包络方法（DEA）对我国城市（除拉萨外）创
新绩效进行评价，从时空维度揭示其创新绩效的分布差异与变化规律，在此基
础上，应用揭示空间依赖性与异质性的探索性空间数据分析方法（ESDA）来探
讨创新绩效的时空关联和演变趋势，以期为行政区经济体制下的中国科技资源
可持续利用提供合理化建议。

3.1　研究方法与数据来源

3.1.1　改进的 DEA 模型

　　创新绩效反映了各城市科技资源配置状况的相对效果，表明各城市科技资

源配置能力的强弱，而并非真正的创新绩效值，这种相对性可以直观地刻画出各地区创新绩效的差异。创新绩效研究是一种投入产出的生产率分析，适合应用融合了线性规划、多目标规划等数学规划的数据包络分析法（DEA）进行评价。而由于传统的 DEA 模型对有效决策单元无法作进一步的精确划分，因此本研究采用改进的 DEA 模型（Srdjevic，2005；刘英平，2006）来测算 2003—2017 年中国城市创新绩效。

参考相关研究（尹伟华，袁卫，2012；张浩，杨慧敏，2017）及结构的城市内部协同创新过程，本研究采用链式网络 DEA 进行创新绩效量化，那么每一个地级以上城市即为一个决策单元 $\text{DMU}_i(i=1, 2, \cdots, 284, 285)$，假设整个过程中共有 $s(s=1, 2, \cdots, S)$ 个阶段，每个阶段的投入变量和产出变量分别为 I_i^s 和 O_i^s，且满足 $I_i^s \in R_+^{\alpha s}$ 和 $O_i^s \in R_+^{\beta s}$；s 阶段与 $s+1$ 阶段的中间变量设定为 $P_i^{(s,s+1)}$，且满足 $P_i^{(s,s+1)} \in R_+^{\gamma(s,s+1)}$，其中 α、β 和 γ 分别表示投入变量、产出变量和中间变量的个数，$\alpha=1, 2, \cdots, x$，$\beta=1, 2, \cdots, y$，$\gamma=1, 2, \cdots, z$。λ^s 是模型权重，w^s 则是第 s 阶在整个过程中的权重变量，且 $\lambda^s \in R_+^n$，μ^{s-} 和 μ^{s+} 分别是投入变量和产出变量的松弛变量，则网络包络分析模型的目标可以表示为 θ：

$$\theta = \min \frac{\displaystyle\sum_{s=1}^{s} \omega^s \left[1 - \frac{1}{\alpha}\left(\sum_{x=1}^{\alpha} \frac{\mu_x^{s-}}{I_{x_0}^s} \right) \right]}{\displaystyle\sum_{s=1}^{s} \omega^s \left[1 - \frac{1}{\beta}\left(\sum_{y=1}^{\beta} \frac{\mu_x^{s+}}{O_{y_0}^s} \right) \right]} \tag{3-1}$$

其约束条件为：

$$I_0^s = \sum_{i=1}^{n} \lambda_i^s I_i^s + \mu^{s-}$$

$$O_0^s = \sum_{i=1}^{n} \lambda_i^s O_i^s + \mu^{s+}$$

$$P^{(s,\ s+1)} \lambda^{s+1} = P^{(s,\ s+1)} \lambda^s$$

$$\sum_{i=1}^{N} \lambda_i^s = \sum_{s=1}^{S} \omega^s = 1$$

$$\lambda^s,\ \mu^{s-},\ \mu^{s+},\ w^s \geq 0$$

其中阶段 s 的效率可以表示为：

$$\theta_s = \frac{1 - \dfrac{1}{\alpha}\left(\displaystyle\sum_{x=1}^{\alpha} \dfrac{\mu_x^{s-*}}{I_{x_0}^s}\right)}{1 + \dfrac{1}{\beta}\left(\displaystyle\sum_{y=1}^{\beta} \dfrac{\mu_x^{s+*}}{O_{y_0}^s}\right)} \tag{3-2}$$

求出各 DMU 的相对效率值，值越大，系统运行效率越高。

3.1.2　核密度分析

对于小样本事件，估计密度函数是不准确的（Qin，2015），核密度估计作为一种非参数密度估计方法是解决这个问题的好方法（Jones，1996；Zhang，2012）。对于不同创新型城市的协同创新效率 y_1，y_2，$\cdots$，y_n，其核密度估计的形式可以表示为：

$$\hat{f}_h(y) = \frac{1}{nh}\sum_{i=1}^{n} K\left(\frac{y - y_i}{h}\right) \tag{3-3}$$

式(3-3)中，$K(\cdot)$ 是一个加权函数，根据数据强度选用高斯核，高斯核可以表示为 $\dfrac{1}{\sqrt{2\pi}}\mathrm{e}^{-\frac{1}{2}t^2}$。基于相关研究，为获得更大的适配性，本章高斯核的带宽 h 选择 $0.9Sn \sim 0.8$。

3.1.3　探索性空间数据分析(ESDA)

探索性空间数据分析(Exploratory Spatial Data Analysis，ESDA)是一系列空间数据分析技术和方法的集合，用来描述数据的空间分布规律并用可视化的方法表达，探讨数据的空间结构，以及揭示现象之间的空间相互作用机制（Messner，1999）。全局 Moran's I 指数主要探索科技资源相对配置效率值在整个区域的空间分布特征；局部 Moran's I 主要探索科技资源相对配置效率在子区域上的空间异质性；结合 Moran's I 散点图和局部 Moran's I 指数做出的 LISA 集聚地图可以直观地显示不同要素的集聚类型和显著性水平。

（1）空间权重矩阵

空间权重矩阵的一般定义是基于一个二元对称的邻接矩阵进行标准化处理得到的，这种空间权重矩阵的局限性是把所有邻居的影响作用都假设相同，而不相邻的空间相关性被忽略不计。因此本研究的空间权重矩阵是基于距离函数关系，该矩阵中的元素定义如下：

$$W_{ij} = \begin{cases} 0\,(i=j) \\ 1/d_{ij}\,(i \neq j) \end{cases} \tag{3-4}$$

其中 d_{ij} 是城市 i 和城市 j 重心点之间的距离。这样能比较客观地表达各个城市间的创新绩效关联。本研究以下使用的空间权重矩阵 W 是把上面基于距离定义的空间权重矩阵行标准化处理,即每一行的元素和为1。

(2)全局空间自相关系数 Moran's I

全局 Moran's I 定义是:

$$\text{Moran's } I = \frac{\sum\limits_{i=1}^{n}\sum\limits_{j\neq i}^{n} W_{ij} z_i z_j}{\sigma^2 \sum\limits_{i=1}^{n}\sum\limits_{j\neq i}^{n} W_{ij}} \tag{3-5}$$

其中:n 是观察值的数目;x_i 是在位置 i 的观察值;z_i 是 x_i 的标准化变换,$z_i = \dfrac{x_i - \bar{x}}{\sigma}$,$\bar{x} = \dfrac{1}{n}\sum\limits_{i=1}^{n} x_i$,$\sigma^2 = \dfrac{1}{n}\sum\limits_{i=1}^{n} (x_i - \bar{x})^2$。通过行标准化的权重矩阵计算的全局 Moran's I 指数值介于−1 到 1 之间,$[-1, 0)$、0 和 $(0, 1]$ 分别为空间负相关、空间不相关和空间正相关。原假设是没有空间自相关,根据下面标准化统计量参考正态分布表可以进行假设检验:当 $|Z| \geqslant 2.58$,$p \leqslant 0.01$ 时非常显著;当 $|Z| \geqslant 1.96$,$p \leqslant 0.05$ 时显著;当 $|Z| < 1.96$,$p > 0.05$ 时不显著。

(3)局域空间自相关系数 Local Moran's I

区域 i 的 Local Moran's I 指数定义是:

$$I_i(d) = z_i \sum_{j\neq i}^{n} W'_{ij} z_j \tag{3-6}$$

该系数正值表示同样类型属性值的要素相邻近,负值表示不同类型属性值相邻近,该指数值的绝对值越大邻近程度越大。z_i 和 z_j 是区域 i 和 j 上观测值的标准化,W_{ij} 是空间权重行标准化形式。

3.1.4 指标选取

本研究主要运用两阶段 DEA 模型,从输入与输出的角度出发来考虑创新绩效。在科技资源输入方面,一些学者认为科技人力资源和科技财力资源是科技生产的基本要素和科技生产得以进行的先决条件(魏守华,吴贵生,2005;王蓓,等,2011;陈修颖,等,2012),因此仅把这两种科技资源要素作为研究对象。这样虽抓住了重点,但却不够全面,由于区域科技资源配置能力主要是体现在其对科技人力资源、科技财力资源、科技物力资源等要素的配置上,因此本研究把其都作为科技资源配置研究的对象。其中科技人力资源是科技资源中最具能动性的资源要素,科学研究、技术服务从业人员数则反映了区域对人才的吸引能力,是区域能够进行持续创新的本质所在。科技财力资源是区域开展科技活动的基础,财政科学支出强度是表征区域对科技活动的支持程度与衡量区域科技能力的重要标准。科技物力资源是科技人员开展科技活动的物质基础,区域为开展科技活动而进行的固定资产投资在一定程度上体现了区域科技物力资源要素的丰裕程度。分别从人力资源、资本两个方面选取普通高校在校学生数、城镇单位教育从业人员数和公共财政教育支出来反映第一阶段学转研的投入,选取城镇单位科技从业人员数作为第一阶段学转研的产出;然后再以城镇单位科技从业人员数和公共财政科技支出、全社会固定资产存量作为第二阶段研转产的投入,并选取科研论文数、三项专利数和地区生产总值分别表示第二阶段研转产的科研产出和经济产出。

在创新绩效测算的第一阶段,高等院校作为整个城市产学研协同创新的第一创新主体,承担着利用教育资源培养创新人才的使命,因此在第一阶段本研究分别从人力投入和资本投入两个方面选择了城镇单位教育从业人员数(万人)和公共财政教育支出(万元)两个指标进行表征;同时作为被教育和培养的对象,本研究还选取了普通高校在校学生数(人)作为投入指标之一。而作为高等院校各类人力和资本投入的产出,以及科研机构所要吸纳的人才,城镇单位科技从业人员数(万人)被本研究选取作为创新绩效第一阶段的产出以及创新绩效第二阶段的投入之一。

在创新绩效测算的第二阶段,在创新绩效第一阶段产出的科技创新人才作为创新的人力投入,与作为创新资本投入的科技支出一同作为科技投入,而固定资产在这个过程中也起到了决定性作用,因此在创新绩效第二阶段本研究分别选择城镇单位科技从业人员数(万人)、公共财政科技支出(万元)和全社会固定资产存量(万元)作为投入。在产出方面,科研机构的直接产出包括论文和专利两个方面,还包括专利转化可以应用于生产的成果,这些成果促进了地区经济的发展,因此选取当地的经济发展水平进行表征。其中,专利数量是区域创新系统最主要的产出成果(叶佳,等,2013),最能提供重要信息(Hagrdoom,2003),反映创新能力和创新价值(王秀丽,等,2009;吴晓飞,2016);而发表的论文数量则综合反映了科研过程中所取得的成果和交流过程中所能达到的能力(孙红兵,向刚,2011)。因此,在创新绩效第二阶段本研究分别选择科研论文数(篇)、三项专利数(项)和地区生产总值(万元)作为产出。其中专利相关数据包括专利申请数和专利授权数两项指标,现有研究认为前者更能反映城市的创新能力(Griliches,1990;丁军,等,2016;肖刚,等,2016;武晓静,等,2017)。

综上,本书创新绩效第一阶段所选用的输入指标为普通高校在校学生数(人)、城镇单位教育从业人员数(万人)、公共财政教育支出(万元),创新绩效第一阶段的输出指标为城镇单位科技从业人员数(万人),该指标同时又是创新绩效第二阶段的投入指标,同时,创新绩效第二阶段的指标还有公共财政科技支出(万元)、全社会固定资产存量(万元),创新绩效第二阶段的输出指标为检索科研论文数(篇)、检索三大专利申请数(件)和地区生产总值(万元)。

3.1.5 数据来源

本书结合我国各城市的科技资源配置相关数据进行分析,数据纵向覆盖15年(2003—2017年),横向覆盖我国286个城市,共4290个决策单元。在选取的各项指标中,为保障数据来源的统计口径一致,普通高校在校学生数(人)、城镇单位教育从业人员数(万人)、公共财政教育支出(万元)、全社会固定资产投资(亿元)(由于无法完整获得每个地级以上城市历年固定资产价格指数,仅以各地级以上城市所在的省、市、区的固定资产价格指数对其全社会固定资产投资总额(亿元)进行价格指数的调整,然后使用永续盘存法对固定资产进行核算)等指标数据主要来源于《中国城市统计年鉴》(2004—2018年)。科技产出中的检索科技论文数(篇)分为中文与英文文献检索,其中中文文献来源于中国期刊全文数据库,本书采用在CNKI中按照"作者单位"选项检索某一预设城市,"发表时间"以年为单位对286个城市在2003—2017年15年期间的论文数量进行检索。英文文献检索数量来源于Web of Science(WoS)数据库,在WoS的检索界面选择高级检索,将时间段分别限定在研究期间的每一年,输入"CI=城市名称"(CI是城市"City"的简写),即可获得每个城市历年发表的英文论文数量。三大专利申请数(件)通过检索《中国专利全文数据库(知网版)》获得,检索步骤如下:首先选择"初级检索",其次选中"检索发明专利""实用新型专利""外观设计专利"三个子库,然后在"检索项"中选择地址,在"检索词"中输入需要检索的城市名称,最后以年为单位选择"申请日",分别获得286个城市在2003—2017年15年期间的三大专利申请数。

3.1.6 创新型城市简介

自2008年深圳成为首个国家创新型城市以来,已有78个城市受批成为国家级创新型城市,覆盖东中西部各个区域,包含省会城市、计划单列市以及其他经济科技发展较好的城市。这些创新型城市集聚了中国绝大多数的创新资源，是我国区域创新发展的重要增长极。同时，由于这些创新型城市的地理位置和创新资源优势，这些城市也大多数拥有较好的经济发展基础，在我国国民经济中起到了至关重要的作用。为了比较这些创新型城市在我国创新驱动发展中的重要地位，本节分别从综合发展概况和创新资源概况两个方面，分析创新型城市和非创新型城市的差异，为后面的城市创新绩效比较提供基础。

　　由于本研究所选取的研究区间是 2003 年至 2017 年，根据统计数据的完整性和可得性，地级以上城市共选取 286 个，暂不包括成立较晚或数据缺失的部分城市：海南省的三沙市和儋州市分别于 2012 年和 2015 年撤销县级市成为地级市；贵州省的毕节和铜仁市在 2011 年分别由毕节地区和铜仁地区成为地级市；青海省的海东市在 2013 年成为地级市；新疆维吾尔自治区的吐鲁番市和哈密市分别在 2015 年和 2016 年撤销地区建制而成为地级市；西藏自治区日喀则市在 2014 年由日喀则地区设为地级市，昌都市在 2014 年由昌都地区成立地级市，林芝市在 2015 年由原来的林芝地区和林芝县改为地级市，山南市在 2016 年在山南地区和乃东县的基础上成立地级市，那曲市则在 2018 年正式成为地级市，尽管西藏自治区的拉萨市虽然在 1960 年就成为了地级市，但是其统计数据相对不足，故也不在本研究的计算之列。相似的情况也反映在创新型城市中，囿于数据可获得性的原因，拉萨市尚不在本研究的范围之内，同时石河子市和昌吉市由于建立时间较晚也不在本研究之列，因而在分析创新型城市时，对象只有 75 个，可能会导致结果的偏差。另外为方便比较，直接选取了北京市、天津市、上海市和重庆市，而非以上 4 个直辖市的区级单位。

3.2　城市创新绩效测算

3.2.1　时间分异

　　利用改进的 DEA 模型分别计算出 2003—2017 年我国 286 个城市的科技资源配置效率。从计算结果可以发现，全国平均创新绩效一直处于较低水平，且在高低交错中呈现逐年上升趋势（表 3-1），由 2003 年的 0.202 上升到 2017 年的 0.2622。从东部地区、中部地区、西部地区与东北地区四大板块来看，东部地区与中西部地区的平均创新绩效差距逐渐扩大，东部地区的平均创新绩效在研究期内呈现出较快的上升趋势，由研究基期的 0.177 上升到研究末期的 0.289，而中部地区的平均创新绩效整体变化不大，研究期内一直在 0.160 左右浮动，西部地区与东北地区的平均创新绩效呈现出缓慢提升趋势，分别由

2003 年的 0.158 与 0.317 上升到 2017 年的 0.207 与 0.338。

表 3-1 区域平均创新绩效变化趋势图

年 份	2003	2004	2005	2006	2007	2008	2009	2010
东部地区	0.177	0.226	0.192	0.204	0.192	0.201	0.222	0.205
中部地区	0.154	0.175	0.140	0.141	0.139	0.140	0.145	0.143
西部地区	0.158	0.159	0.170	0.175	0.159	0.155	0.169	0.162
东北地区	0.317	0.329	0.266	0.286	0.294	0.269	0.252	0.268
全国平均	0.202	0.222	0.192	0.202	0.196	0.191	0.197	0.194

年 份	2011	2012	2013	2014	2015	2016	2017	
东部地区	0.210	0.220	0.177	0.245	0.237	0.226	0.289	
中部地区	0.148	0.146	0.111	0.137	0.132	0.121	0.160	
西部地区	0.132	0.156	0.149	0.153	0.155	0.158	0.207	
东北地区	0.256	0.264	0.152	0.244	0.259	0.324	0.338	
全国平均	0.186	0.197	0.147	0.195	0.196	0.207	0.248	

这一变化过程表明：东部地区发达的经济基础与雄厚的物质条件为科技创新与知识溢出提供了良好的科技进步环境，因此多年来科技产出与科技投入始终能够保持同步快速增长。中部地区虽然有武汉、合肥等具有全国影响力的科技创新高地，在打造全国原始创新策源新高地，打造世界级创新型产业集群，构建区域协同创新共同体，构筑面向全球的开放创新高地等方面取得了突出成绩，但中部地区多年存在省会城市"一城独大"，除省会外的省域其余城市发展相对滞后，影响了中部地区整体创新绩效的提升。西部地区与东北地区大多数城市在研究基期依然属于典型的科技低投入、低产出地区，有限的投入并不需要很高的产出就能产生相对较高的科技资源配置效率，但随着国家西部大开发战略与东北振兴战略的投放，西部地区与东北地区的科技资源投入有所增多，但科技产出却并没有成比例的增加，科技产出的增长速度滞后于科技投入的增长速度，创新绩效整体提升较慢。由于中西部地区与东北地区的城市数量在全国占有较大比例，因此整体上拉低了全国的平均创新绩效，并使之呈现出逐年缓慢上升趋势。

为探究创新型城市协同创新整体效率的变化规律，本研究借助核密度分析和聚类分析手段从时间维度进行规律探究。从 75 个创新型城市创新绩效水平的时间演化特征，通过 Eviews 8 软件对各个创新型城市 2003 年、2008 年、2012 年和 2017 年的创新绩效水平进行核密度分析，结果如图 3-1 所示。从形状上来看，各年核密度分布均呈现出右偏的分布特征，2003—2012 年核密度基本上呈现为单峰分布，而 2017 年的核密度图形则表现为双峰分布，且两个波峰所对应的面积有较大差距，表明在整个测度期内 75 个创新型城市的创新绩效水平呈现出两极分化的趋势。

从位置上来看，2003—2012 年的核密度位置没有明显的变化，但是波峰逐渐变窄，相应的波峰所对应的创新型城市数量减少了，表明创新型城市的创新绩效水平呈现出下降的趋势。2012—2017 年的核密度位置向右侧移动，同时波峰变宽，相应的波峰所对应的创新型城市数量增加了，表明创新型城市的创新绩效水平在此期间呈现出提升的趋势。从峰度上来看，2003—2012 年的核密度峰度明显变窄，而 2012—2017 年的核密度峰度又重新变宽，同时2012—2017 年的核密度波峰右侧的面积增大，表明创新型城市的创新绩效水平经历了先下降后提升的过程，且创新绩效水平相对较高的城市越来越多。从整个测度期间内来看，创新绩效水平表现为提升。

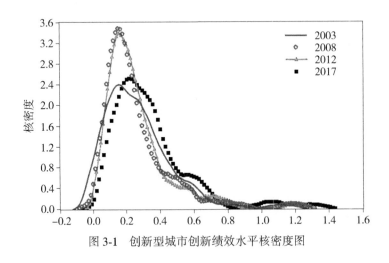

图 3-1　创新型城市创新绩效水平核密度图

3.2.2　空间分异

各城市的创新绩效分布并不均匀，基本呈现东、中、西依次递减的分布格局，处于创新绩效高级与较高级阶段的城市呈现群状分布，与中国正在形成的

23 个城市群呈现出较好的拟合状态①，呈现出集聚连片分布的空间格局，城市创新绩效与经济发展具有空间协调性的规律特征。具有较高级以上创新绩效且集中分布的地区涵盖了除天山北坡以外的所有达标城市群，而未达标城市群中包含有南北钦防、晋中、兰白西、黔中与滇中。在这些城市群中，处于高级阶段创新绩效的城市有：长江三角洲的上海、南京、苏州、常州、杭州、镇江、宁波，珠江三角洲的东莞、汕头、深圳、中山、佛山、广州、珠海、阳江，京津冀的北京、天津，山东半岛的莱芜、淄博、东营、济南、威海，辽东半岛的沈阳、大连，长株潭的长沙、湘潭、株洲，成渝的成都与达州，哈大长的哈尔滨、大庆、长春、鸡西，关中的西安与延安，兰白西的兰州与天水。其他城市群中单独分布具有高级创新绩效的城市还有：海峡西岸的厦门，武汉都市圈中的武汉，环鄱阳湖的南昌，中原的郑州，江淮的合肥，南北钦防的桂林以及晋中的太原。这些地区经济都比较发达，城市间经济联系密切，要素流动、报酬转移以及技术扩散等溢出效应作用明显，从而带动周边城市创新绩效的逐步提高。此外，这就说明随着中国社会经济的快速发展与综合国力的稳步提高，各个城市之间联系日益紧密，创新绩效的空间相关性也日益加大，空间分布的集聚现象在逐步增强。

虽然经济发展与创新绩效呈现出一定的正相关关系，然而创新绩效的提高却并不仅仅依赖于经济发展。例如呼包鄂城市群的人均 GDP 发展水平较高，但其创新绩效在研究期内却处于中低端水平，主要是该城市群内城市属于矿产资源型城市，地广人稀，随着近年来资源价格的持续走高，人均 GDP 有了快速增长，但是由于该地区科技基础薄弱、科技人才匮乏，该区域创新绩效始终增长较慢。与此同时，哈大长、白兰西、长株潭、成渝这些城市群的人均 GDP 发展水平虽然在研究期内并不高，但其创新绩效却相对处于较高发展水平。不难发现，虽然这些地区人均 GDP 发展水平不高，但是其经济实力相对比较雄厚，具有一定的科技基础，且该地区都是高校与科研单位集中的区域，科技创新意识和科技进步环境较好，使科技资源产出相对较高。

---

① 中国科学院地理科学与资源研究所在《2010 中国城市群发展报告》指出：中国正在形成的 23 个城市群呈现为"15+8"的空间结构格局，其中 15 个达标城市群包括长江三角洲、珠江三角洲、京津冀、山东半岛、辽东半岛、海峡西岸、长株潭、武汉、成渝、环鄱阳湖、中原、哈大长、江淮、关中、天山北坡；8 个未达标城市群包括南北钦防、晋中、银川平原、呼包鄂、酒嘉玉、兰白西、黔中和滇中。

　　从创新型城市的视角来看，各个创新型城市的创新绩效按照平均值来分，可以分为三档，如图 3-2 所示。为分析 75 个创新型城市不同创新绩效差异，通过 SPSS 25.0 软件对各个创新型城市 2003—2017 年的创新绩效进行系统聚类，系统聚类结果如图 3-2 所示。

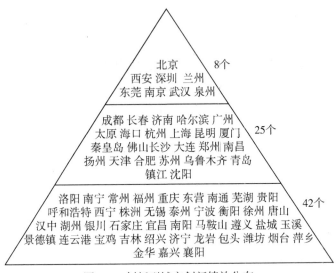

图 3-2　创新型城市创新绩效分布

　　根据图 3-2 可以将 75 个创新型城市按照测度期内创新绩效的变化规律大致可以分为四类。第一类包括从烟台市到景德镇市的合计 9 个创新型城市，这 9 个城市的整体协同创新效率较低，且尚不具有明显的大幅度提升潜力；第二类包括从常州市到贵阳市的合计 16 个创新型城市，这些城市的整体协同创新效率大多处于中游水平，基本保持了稳定上升的变化趋势；第三类仅包括北京市，北京市的创新绩效要远远高于其他城市，且保持在相对稳定的水平上，是其他城市难以企及的；第四类包括从哈尔滨市到深圳市的合计 12 个创新型城市，这些城市的整体协同创新效率在测度期内均较高，且在测度期内主要呈现为逐年上升的变化趋势。鉴于此，创新型城市创新绩效的空间分布可以表示为北京市创新绩效远远优于其他创新型城市，深圳、广州和南京等东南地区发展较快的城市形成了高水平的创新绩效集聚，而其他省会城市、计划单列市及经济发展较快的城市形成了中等水平的创新绩效集聚，其他几个协同创新效率较低的城市的空间分布则较为分散。

3.3 本章小结

（1）从利用改进的 DEA 模型计算结果来看，广大中西部地区的城市创新绩效日益减少，导致 2003—2017 年全国城市的创新绩效一直呈现出下降趋势，并致使东部地区与中西部地区的创新绩效差距逐渐扩大。然而，由于广大中西部地区处于创新绩效的低水平发展阶段，创新绩效具有较大的边际效应，因此应该逐步加大其科技资源的投入力度，改进区域经济、产业结构与科技资源利用方式，大力优化科技创新环境，通过提升创新绩效以真正实现地方经济的创新驱动与可持续发展。可以预期的是，未来随着广大中西部地区向科技资源配置的高投入、高产出方向转变，其创新绩效将得到稳步提高，全国城市的创新绩效也将有实质性的提升。

（2）从空间上来看，各城市的创新绩效分布并不均匀，基本呈现东、中、西依次递减的分布格局，处于创新绩效高级与较高级阶段的城市呈现群状分布，与中国正在形成的 23 个城市群呈现出较好的拟合状态。通过对比研究期内各城市创新绩效与人均 GDP 发展水平，发现经济发展与创新绩效呈现出一定的正相关关系，然而却不是影响创新绩效提高的唯一要素，研究区具体的地理位置、人口规模、科技资源禀赋以及科技环境等因素也对创新绩效有一定的影响。从创新型城市创新绩效的空间分布来看，北京市创新绩效远远优于其他创新型城市，深圳、广州和南京等东南地区发展较快的城市形成了高水平的创新绩效集聚，而其他省会城市、计划单列市及经济发展较快的城市形成了中等水平的创新绩效集聚，其他几个创新绩效较低的城市的空间分布则较为分散。

（3）本次研究探讨发现，改进的 DEA 模型增强了 DMU 之间的可比性，提高了 DMU 之间的区分性，在充分尊重客观性的前提下，适当地考虑到决策者偏好的影响，将其引入创新绩效的评价是可行的。利用基于距离函数关系的空间自相关分析能够比较客观地表达各个城市之间的创新绩效空间关联，有效解决了传统空间自相方法不相邻的空间关联性被忽略的弊端。

第4章 城市层级对创新绩效及创新集聚的影响研究

党的十九届五中全会明确提出"坚持创新在我国现代化建设全局中的核心地位"。城市作为中国提高自主创新能力、实现科技自立自强、参与全球科技竞争的空间载体,对新时期科技强国建设具有基础性的支撑作用。创新驱动是城市经济高质量发展的根本动力(陈劲,2012;樊杰,等,2019),提高城市的创新驱动水平,核心在于通过创新资源和创新要素的空间集聚,促进知识的空间溢出,进而促进城市创新绩效的提升。

创新绩效作为衡量城市经济高质量发展水平的重要指标,通常被认为是一定数量的创新资源投入所表现出来的创新产出质量,是城市创新系统各组成部分之间深度融合、相互促进的结果(范斐,杜德斌,2013;吕拉昌,等,2016)。国内外学者关于创新绩效的研究内容主要集中在创新绩效的评价方面,通常采用数据包络分析、因子分析、随机前沿模型等方法,以不同城市与区域为研究对象,就区域内部创新要素协调与创新绩效的关系进行论述,并对各区域如何优化创新资源配置、提高创新绩效等问题进行深入探讨(范斐,等,2016;管燕,吴和成,2011)。这些研究重在刻画创新绩效的时空演化过程及其影响机理,尽管已关注到不同层级和规模的城市的创新绩效存在差异,但却未对城市层级与创新绩效之间的关系进行深入探讨,也未能揭示城市层级对创新绩效的作用机制。

创新驱动的另一个关键点在于破除创新空间形式的碎片化、分散化及封闭化。Schumpeter(1934)认为创新并不是孤立的,其具有时间和空间上的集聚特征。"集聚"是在某一范围或区域中的高度集中。对集聚的作用而言,在经济学领域,集聚常常伴随正向外部性,创新集聚也不例外,其被定义为新技术的迅速发展以及资本和专业性人才的汇集促进了新产业的发展和新型经商方式的产生。大量同类型的企业集聚会产生马歇尔外部经济,创新企业的集聚也常常会促进新工艺和新技术的快速繁荣与发展,因此一个地区的创新集聚对于该地区创新的发展有着重要意义。创新集聚可以分为两个层面:创新要素的集聚和创新产业及产品的集聚(孙瑜康,等,2017),从组织行为学的角度来说其出现的原因是微观个体只有在明显双赢的状况下才会参与集聚,因此个体通过衡量集聚所能得到的收益与成本来决定是否参与,其中收益包括信息、知识、资源等(Shearmur,等,2009),成本则主要包括机会成本以及差异较大企业集聚所产生的风险等(Kogut,1992)。总的来看,创新集聚的形成因素多种多样,包括人才、空间范围、制度与管理能力(于淼,朱方伟,2015)等,具有共享创新服务的地区有利于本地创新成本降低,从而创新企业更有动力集聚于此。中国创新活动空间集聚现象较为明显。从区域分布来看,据 2019 年《中国科技统计年鉴》,2018 年中国东、中、西及东北地区发明授权数占比分别为70.36%、14.02%、11.47% 和 4.15%;若按人均 GDP 与创新分布来看,越是发达地区创新活动越是活跃。中国高人力资本地区(即上海、北京等地)的人才对经济增长的边际作用是最大的。

事实上,城市层级和城市创新水平的空间分布有着明显的重叠性,Lu 等(2012)以创新作为评判标准,确定了中国城市的五层创新体系,而城市的创新绩效同城市层级几乎一致。对中国而言,在地方政府间的竞争日趋激烈的背景下,城市行政等级的不同会在一定程度上影响到城市创新资源的聚集(Wu等,2019)。中国创新活动则主要集中在直辖市和省会城市,“自然指数-科研城市 2020”最新数据和研究成果显示,除了北京和上海之外,中国另有 4 座城市跻身全球科研城市排名前 20 位,分别是南京(第 8)、武汉(第 13)、广州(第 15)与合肥(第 20),其中,北京占中国份额比重高达 21%,上海、南京、武汉、广州、合肥占中国份额比重分别为 10.9%、7.2%、5.4%、4.9% 和4.0%,6 个城市占中国的份额比重为 53.4%,超过其余全部城市的总和。可见,中国创新资源向全国性创新中心集聚的“马太效应”显著,区域创新中心成“层级化”发展的格局趋于稳定。

显然,创新活动与城市需求密切相关,城市是优质生产要素集聚的空间载体,创新总是在城市特别是大城市发生和商业化,而后向中小城市扩散。此外,城市发展的本身又成为创新需求的重要来源。然而,现有研究较少涉及城市层级与创新绩效以及创新集聚的关系。那么,城市层级是否对创新绩效或是创新集聚构成约束性条件?如果是,又是通过什么样的机制影响创新绩效或是创新集聚?是否存在促进创新绩效提升或是创新集聚的最优城市层级?针对以上问题,本章将以中国地级以上城市为研究对象,通过双向固定效应模型,实证分析城市层级对创新绩效以及创新集聚的影响作用,并利用门槛回归模型揭示城市层级与创新绩效以及创新集聚之间的非线性关系,探讨不同规模城市的创新绩效和创新集聚受城市层级影响的路径差异和阶段性特征，以期为进一步增强中心城市和城市群等经济发展优势区域的创新承载和辐射能力，优化布局综合性国家科学中心和区域性创新高地，完善国家创新体系，建设中国特色创新型国家提供决策咨询和理论支撑。

4.1　城市层级与创新绩效

4.1.1　计量模型构建与变量选择

(1)模型构建

首先通过双向固定效应模型，实证分析城市层级对于创新绩效的影响作用。在此基础上，利用面板门槛模型估计城市层级与城市创新绩效的非线性关系，探讨不同规模城市的创新绩效受城市层级影响的路径差异和阶段性特征。

①基准回归模型

本章重点揭示城市层级对于创新绩效的影响机制和程度。参照 Carlino 等 (2015)，采用集聚与创新领域经典的创新生产函数：

$$I = g(A)f(\mathrm{RD}, K) \tag{4-1}$$

其中，I 表示创新产出，RD 和 K 分别表示研发资金和人力资本投入，$g(A)$ 表示内生于城市但外生于产业的集聚经济。同时，将城市层级纳入城市集聚经济 $g(A)$ 中，建立如下面板最小二乘回归模型：

$$\mathrm{Inoe}_{it} = \beta_1 \mathrm{Urbh}_{it} + \beta X_{it} + \beta_0 + T + \alpha + \varepsilon_{it} \tag{4-2}$$

式中，Inoe_{it} 表示城市创新绩效，Urbh_{it} 表示城市层级，X_{it} 为控制变量，T 为时间固定效应，α 为个体固定效应，ε_{it} 为随机干扰项，β、β_0、β_1 为待估系数。

②门槛回归模型

门槛回归是检验根据门槛值划分的样本组参数是否存在显著不同，常被用于做变量间相互作用的异质性研究。Hansen(1999) 发展的门槛回归模型可以根据数据自身的特点内生地划分数据区间，避免了人为划分样本区间的随意性。各城市层级与创新绩效之间可能表现为非线性关系，传统的线性回归并不能很好地解释二者之间的关系，运用门槛模型回归更为贴近现实。因此，本章采用 Hansen(1999) 的门槛回归模型，首先设定如下单一门槛回归模型：

$$\mathrm{Inoe}_{it} = \lambda_0 + \lambda_1 D_{it} \cdot I(\mathrm{Urbs}_{it} \leqslant r_1) + \lambda_2 D_{it} \cdot I(\mathrm{Urbs}_{it} > r_1) + \lambda X_{it} + T + \alpha + \varepsilon_{it}$$

$$\tag{4-3}$$

其中 $I(\cdot)$ 表示指示性函数，当括号内表达式为真时取值为 1，为假时取值为 0。D_{it} 为核心解释变量，Urbs_{it} 为门槛变量，X_{it} 表示控制变量，ε_{it} 为随机扰动项。当 $\mathrm{Urbs}_{it} \leqslant r_1$ 时，核心解释变量 D_{it} 系数为 λ_1，当 $\mathrm{Urbs}_{it} > r_1$ 时，核心解释变量 D_{it} 系数为 λ_2，t 为时间效应，λ_0 为常数项，$\varepsilon_{it} \sim (0, \sigma)$ 为随机干扰项。

式(4-3)仅仅假设存在 1 个门槛，但是有可能会存在 2 个及 2 个以上门槛，限于篇幅原因，二重及二重以上门槛检验不再赘述。

（2）变量选取与数据来源

①城市创新绩效（Inoe）

在已有的研究中，主要是借助于 DEA 方法从科技创新资源投入与产出的视角来考察城市创新绩效，但 DEA 方法较多的是用来测度城市创新绩效的截面数据，存在城市创新绩效前沿发生改变的问题。而城市创新绩效主要体现在城市的创新产出方面，因此，本章采用寇宗来等（2017）测算的城市层面四位数行业创新指数作为城市创新绩效的衡量指标，这一指数主要根据国家知识产权局申请授权专利中的发明专利价值，进行城市层面分产业加总和标准化，数据来源于复旦大学产业发展研究中心编写的《中国城市和产业创新力报告 2017》。参考谢呈阳等（2020）的方法，进一步用当年创新指数减去上一年创新指数，计算出每一年的创新指数增量，用以测度各行业的创新指数，将每个城市每年所有工业创新指数取平均得到城市平均创新指数。

②城市层级（Urbh）

借鉴王如玉等（2019）研究，从消费规模、资源能耗水平、对外开放程度、制造业水平、就业规模、基础设施水平等方面构造城市层级的指标评价体系，选取城市消费品零售总额（万元）、全社会用电量（万千瓦时）、人均用电量（千瓦时/人）、实际利用外资额（万美元）、实际利用外资额占地区生产总值的比重（%）、第三产业从业人员数（万人）、民用航空客运量（万人次）、民用航空客运量占人口的比重（%）、公路及水路客运量占人口的比重（%）等 9 个指标评价城市层级。除了检验相关性以外，还将考察城市层级对创新绩效是否具有因果关系，因此不能仅将城市层级赋值后排名，还应当考察城市层级变动对创新绩效的影响作用。综合运用主成分分析法和熵值法赋予权重，并利用最小二乘法使得最终确定的权重同两种方法的偏差和最小。最终对上述 9 个指标赋予的权重依次为 0.0860、0.0852、0.1007、0.1821、0.2651、0.1287、0.0568、0.0539、0.0414。

③控制变量

选择四个类型变量加以控制：一是城市经济发展水平。波特认为地区竞争优势的四阶段为：要素驱动，投资驱动，创新驱动以及财富驱动，城市所处的发展阶段会影响到城市创新绩效，因此选择人均地区生产总值（Gdpp）和二三产业占比（Ttsr）作为控制变量，表征城市发展阶段。二是城市形态。Hamidi 等（2019）发现城市空间结构会影响城市创新，因此选择城市建设用地面积（Urss）以及城市人口密度（Urbd）作为控制变量。三是城市创新投入。城市创新绩效也受到创新投入的影响，因此选择城市 R&D 投入的对数（Rdex）以及城市教育经费支出的对数（Edue）作为控制变量，以剥离城市创新投入对于创新绩效的影响。四是对外开放。对于发展中国家来说，国际技术溢出是知识创新的重要来源，因此选择实际利用外资总额占 GDP 比重（Rufc）作为控制变量。

④门槛变量

将城市规模作为门槛变量。现有文献中城市规模的代理变量主要包括GDP、人口总量以及夜间灯光数据等，为了避免单一指标出现的系统性误差，分别利用城市夜间灯光亮度值（Nigl）、地区生产总值（Gdp）和总人口（Popu）作为城市规模的代理变量。本章参考 Chen 等（2021）基于卷积神经网络的自动编码器（AE）模型整合校准了中国城市 2000—2012 年 DMSP-OLS 年度夜间灯光数据和 2013—2018 年 NPP-VIIRS 夜间灯光数据，并采用其方法整合校准后的夜间灯光数据作为城市规模的代理变量。

⑤数据来源

本章以中国地级及以上 280 个城市作为研究对象，其中城市创新绩效的数据来源于《中国城市和产业创新力报告 2017》，城市夜间灯光亮度值来源于美国国家海洋与大气管理局，其余数据来自《中国城市统计年鉴》（2004—2017 年）。

4.1.2　实证结果与分析

经过对"城市"虚拟变量的 F 检验，个体效应在 1% 显著性水平下存在，拒绝不存在个体效应的原假设，考虑到个体效应的模型分为固定效应与随机效应模型，经过豪斯曼检验，P 值接近于 0，因此可以接受选择固定效应模型的原假设。综上所述，构造的回归方程为双向固定效应模型。

（1）基准回归结果

首先，采取最小二乘回归，分别测算出未加入控制变量和加入控制变量后的城市层级与城市创新绩效相关性（见图 4-1、图 4-2）。通过对比变量的分散和聚集程度，发现城市层级与城市创新绩效之间具有显著的正相关关系。

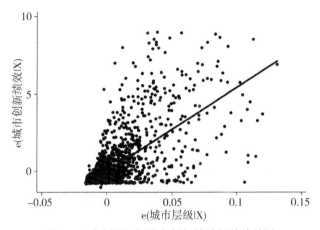

图 4-1 城市层级与城市创新绩效相关关系图

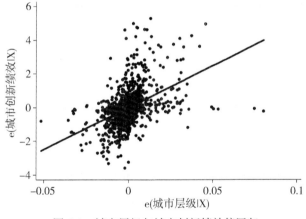

图 4-2 城市层级与城市创新绩效偏回归

  表 4-1 第（1）列和第（2）列分别为基准模型双向随机效应和固定效应的回归结果；由于城市创新绩效指标方差较大，因此需要删除更多的极值样本来确保回归结果的稳健性，表 4-1 的第（3）列是去掉城市创新绩效前 10% 样本的回归结果；采用 B-P 检验和 Pesaran（2015）的方法分别检验了异方差性和截面相关性，结果显示方程在 1% 显著性水平下存在异方差性和截面相关问题，这将降低统计结果的真实性和有效性，因此选取处理了截面相关和异方差问题的 Driscoll-Kraay 标准误代替标准 t 检验进行显著性检验，结果如表 4-1 的第（4）

列所示。

　　此外，由于城市创新绩效水平的提升会推动创新要素集聚，因此反过来创新要素集聚会可能会提升城市层级，这种双向因果而产生的内生性问题需要利用工具变量的两阶段最小二乘回归和广义矩估计方法进行解决。首先，采用工具变量的方式对内生性问题进行处理，通过选取外生工具变量的方法处理潜在的内生性问题。记城市长宽之比为 Lrb，该值越接近于 1，即说明城市围绕城市中心点空间扩散的均衡程度越高，同时也代表了城市周边的地理环境较为均质，具有能够发展成为高层级城市的潜力，如中国西部地区的兰州由于地处山区，城市较为狭长，而北京、上海、广州等城市长宽之比则接近于 1。该指标与创新绩效没有必然直接的因果关系，因此本章采用 (Lrb-1) 2 这一衡量城市均衡程度的变量作为工具变量之一，采用 Lrb 作为另一个工具变量。这两个工具变量通过了 Cragg-Donald Wald F 统计量、Sargan 统计量、Anderson canon. corr. LM 统计量的工具变量检验。表 4-2 的第 (5) 列为 IV-2SLS 回归结果。其次，采用系统 GMM 方法，选择城市层级的滞后两期和滞后三期作为工具变量进行两阶段最小二乘回归，回归结果如表 4-2 的第 (6) 列所示。

　　在表 4-1 模型 (1)～(6) 中，城市层级都对创新绩效水平具有显著的促进作用。在模型 (1)、(2)、(4) 中，城市层级变量每提升 1 个百分点能够提高城市创新绩效约 0.32 个单位，在模型 (3)、(5)、(6) 中，去掉极值和利用工具变量的回归结果中关键解释变量的正负号和显著性均没有发生变化，说明在不同条件下，城市层级对创新绩效的作用均未被其他影响因素所覆盖，即城市层级是提升创新绩效的重要因素，同时也凸显了城市层级对创新空间分布的重要性。可能的原因在于高层级的城市由于其优越的基础设施建设和创新文化氛围，往往吸引更多的创新要素从而形成空间集聚。与传统经济要素类似，创新要素亦具有稀缺性和逐利性的特征，会从边际收益率低的区域向边际收益率高的区域流动。这种"择优"机制会促使创新要素为提高自身价值与边际产出效益流向高层级城市，优化城市创新资源配置效率，进而对城市创新活动及其生产效率产生积极影响。

　　在控制变量方面，人均地区生产总值 (Gdpp)、R&D 投入 (Rdex) 对于城市绩效均表现出显著的促进作用，这主要是由于提高经济发展水平和增加 R&D 投入，必然能够吸引更多的创新要素集聚，有利于创新绩效的提升。城市建设用地面积 (Urss)、实际利用外资总额占 GDP 比重 (Rufc) 和二三产业占比 (Ttsr) 对城市创新绩效具有抑制作用，这说明无序扩张的城市建设用地面积将降低土地资源配置效率 (Hamidi，Zandiatashbar，2019)，而外商投资将一定程度上使本土企业陷入技术路径依赖，抑制其自主创新能力，进而抑制城市创新绩效的提升。城市人口密度(Urbd)与城市创新绩效之间表现为不显著的正向相关关系，说明中国绝大多数城市仍需要加大对创新人才的引进，以城市"人才密度"的提升促进创新绩效的提高。教育经费支出(Edue)对于城市创新绩效的影响作用不稳健，原因可能是当期的教育经费支出对城市创新绩效的影响具有滞后性，并不能马上转化为创新人力资源为城市创新活动提供人才支撑。

表 4-1   基准回归结果

变量	(1) Re	(2) Fe	(3) 去极值	(4) D-K	(5) IV	(6) GMM
Urbh	32.260*** (17.85)	32.310*** (13.94)	13.720*** (14.94)	32.310*** (3.44)	149.17*** (24.37)	96.107*** (6.57)
Gdpp	3.29e-05*** (5.08)	3.64e-05*** (5.01)	5.15e-06*** (5.82)	3.64e-05*** (8.45)	-3.94e-06 (-0.17)	7.16e-06*** (1.88)
Tsr	-0.073* (-2.13)	-0.050 (-0.93)	-0.007** (-2.16)	-0.050*** (-8.83)	-0.016 (-0.80)	-0.011 (-0.46)
Urss	-8.089 (-1.00)	-6.122 (-0.97)	-2.616*** (-3.09)	-6.122*** (-3.40)	-10.960*** (-3.10)	-10.021*** (-2.68)
Urbd	1.485 (0.97)	0.752 (0.45)	0.249 (1.51)	0.752 (0.06)	0.383 (0.62)	-0.255 (-0.41)
Rdex	0.150 (0.95)	0.191 (1.12)	0.1125*** (6.94)	0.191*** (3.01)	0.167*** (2.66)	0.124* (1.74)
Edue	-1.438*** (-4.91)	-0.695* (-1.89)	0.1456*** (4.83)	-0.695 (-1.28)	-0.203 (-1.50)	-0.013 (-0.10)
Rufc	-0.240*** (-3.18)	-0.176** (-2.21)	0.003 (0.41)	-0.176 (-0.44)	-0.089*** (-3.00)	-0.044 (-1.30)
时间效应	控制	控制	控制	控制	控制	控制
个体效应	控制	控制	控制	控制	控制	控制
常数	9.590*** (2.89)	4.145 (0.76)	0.597** (1.98)	0	0	0
R^2	0.4543	0.4749	0.4780	0.4749	0.7809	0.3755
样本量	2,441	2,441	2,220	2,441	2,378	1,616

注：括号内为 t 值，***、**和*分别表示在1%、5%和10%的水平下显著。

（2）稳健性检验

本章将从区域异质性、创新型试点城市的政策冲击、滞后效应和微观样本四个角度来检验回归结果的稳健性。一是考虑区域异质性对结果的影响。采用分区域回归的方式进行稳健性检验，表4-2中第（1）～（4）列分别是中国东部、中部、西部、东北四大板块的回归结果。通过对比分析可以看出，虽然四大板块的回归结果中城市层级对创新绩效的影响系数均为正值，且显著性水平均为1%，但城市层级对创新绩效的促进作用在四大板块之间存在异质性。二是控制创新型试点城市的政策冲击。我国自2008年开始逐步建设创新型试点城市，该项政策能够显著提高城市的创新水平。值得注意的是，入选创新型试点城市中的样本大多为高层级城市，因此该项政策样本选择的非随机性会导致城市创新绩效的提升并不来自城市层级的提升，而是来自该政策冲击的后果，导致结果的可信度降低。因此，为了控制创新型试点城市政策的影响，将创新型试点城市与非创新试点城市分组回归。如表4-2的第（5）、（6）列所示，创新型城市和非创新型城市层级的提升对城市创新绩效的影响均为显著的促进作用。三是考虑滞后效应。城市层级的提升可能需要经过一段时间才会对创新绩效产生影响，且城市层级反映了城市发展的长期变化情况，而创新指数反映的是短期波动，两者直接回归可能会存在效应估计偏差。因此为了避免这种情况发生，将所有解释变量取滞后一期重新回归。如表4-2的第（7）列所示，城市层级对创新绩效的正向促进作用没有发生根本性变化。四是利用微观样本数据验证。将上市公司的数据库与城市面板数据进行匹配，选择企业三大检索专利的年授权量替代城市创新绩效作为因变量进行重新回归，其中，企业层面的数据来源于上市公司年度报表。结果如表4-2的第（8）列所示，与基准回归的结果一致，城市层级的提升会促进城市上市公司专利授权数的增加。此外，控制变量的系数和显著性与表4-1中的回归结果基本保持一致。可见，利用工具变量在不同实证模型分析下，关键解释变量的正负号和显著性均没有发生变化，说明在不同条件下，城市层级对创新绩效的作用均未被其他影响因素所覆盖，即城市层级是提升创新绩效的重要因素。

表4-2　　　　　　　　　　　　稳健性检验结果

变量	(1) 东部	(2) 中部	(3) 西部	(4) 东北	(5) 创新型城市	(6) 非创新型城市	(7) 滞后一期	(8) 微观数据
Urbh	45.186*** (11.04)	14.882*** (6.32)	34.701*** (16.14)	62.496*** (12.90)	31.93*** (6.90)	22.91*** (12.46)	30.918*** (14.92)	401.63*** (4.41)

续表

变量	(1)东部	(2)中部	(3)西部	(4)东北	(5)创新型城市	(6)非创新型城市	(7)滞后一期	(8)微观数据
Gdpp	2.29e−05***	3.68e−05***	−3.86e−06	1.83e−06	1.80e−06	1.62e−06	1.97e−06***	1.91e−04
	(7.22)	(7.06)	(0.152)	(0.29)	(2.19)	(9.19)	(9.38)	(−0.87)
Tsr	−0.053*	−0.055***	−0.040	0.044*	0.035	−0.048***	−0.048***	−1.638
	(−1.96)	(−3.07)	(−2.77)	(1.87)	(0.46)	(−5.15)	(−3.97)	(−0.68)
Urss	−11.572***	−5.242	−4.211***	−2.862	−15.23**	−3.405*	−6.579***	−1666**
	(−3.73)	(−1.30)	(−1.42)	(−0.43)	(−2.25)	(−1.89)	(−3.14)	(−2.38)
Urbd	−0.944	−0.230	0.081	0.412	−2.203	0.212	0.018	−122.2
	(−1.28)	(−0.42)	(0.17)	(0.65)	(−1.57)	(−0.70)	(0.05)	(−1.05)
Rdex	0.306***	0.162***	−0.080	−0.022	0.134	0.101***	0.075*	−4.132
	(3.36)	(3.41)	(−1.60)	(0.25)	(0.63)	(3.39)	(1.86)	(−0.23)
Edue	−0.597***	0.092	0.082	−0.136	−0.104	−0.074	0.036	48.71*
	(−3.09)	(0.87)	(0.73)	(−0.91)	(−0.26)	(1.15)	(0.44)	(1.78)
Rufc	0.060	0.058*	−0.045**	−0.023	0.016	−0.010	0.012	−2.87e−05**
	(1.66)	(1.96)	(−2.12)	(−0.84)	(0.19)	(−0.73)	(0.69)	(−2.59)
时间效应	控制	控制	控制	控制	控制	控制	控制	控制
个体效应	控制	控制	控制	控制	控制	控制	控制	控制
常数	6.207**	4.056**	4.476***	−3.980*	−1.756	4.998***	4.498***	139.7
	(2.17)	(2.18)	(3.13)	(−1.78)	(−0.22)	(5.40)	(3.67)	(0.58)
R^2	0.5943	0.4015	0.5505	0.6006	0.6488	0.4082	0.4360	0.1228
样本量	807	813	529	292	354	2006	2099	7950

注：括号内为 t 值，***、** 和 * 分别表示在1%、5%和10%的水平下显著。

（3）格兰杰因果识别

格兰杰因果检验是时间序列模型中的经典因果关系检验方式之一，在此基础上，Dumitrescu 等（2012）提出了一种被认为是拓展了格兰杰因果检验至面板模型的思想，且被广泛应用于实证检验中。本章旨在研究城市层级与城市创新绩效的因果关系，因此建立的回归方程如下：

$$\text{Inoe}_{it} = \sum_{j=1}^{N} \lambda_j L_j \cdot \text{Urbh}_{it} + \sum_{j=1}^{N} \lambda_j L_j \cdot \text{Inoe}_{it} + \lambda_0 + \zeta_{it} \qquad (4\text{-}4)$$

其中 j 为最优滞后阶数，根据最小化 AIC 和 BIC 信息准则的原则，选择两期作为滞后阶数。回归结果如表 4-3 所示，其中第（1）和（2）列是普通面板 VAR 模型，第（3）和（4）列是将自变量与因变量取差分后的回归结果，目的在于降低可能存在的单位根对回归结果造成的影响，第（4）和（5）列是控制了时间固定效应后的结果，目的在于降低时间趋势对回归结果造成的影响。可以发现，虽然第（1）和（2）列中城市创新绩效和城市层级均在 1% 显著性水平下是对方的格兰杰原因，但是在放松不存在单位根与时间趋势对结果不存在影响的基本假设的（3）~（6）列中，城市层级在 1% 显著性水平下是城市创新绩效的格兰杰原因，但城市创新绩效并不是城市层级的格兰杰原因。因此，城市层级的提升是创新绩效提升的前提条件，但反过来并不成立。由此可见，虽然城市创新绩效的提升会促进城市经济增长，从而提升城市层级。但是城市创新绩效并不是自发形成的，其需要资本和高技能劳动者的投入，且这两者是随着城市层级的提高而提升的。因此，城市创新绩效提升的前提是需要城市层级提升所带来的创新要素积累和创新资源集聚。

表 4-3　　　　　　　　　　　格兰杰因果关系研究

变量	（1）Inoe	（2）Urbh	（3）Inoe	（4）Urbh	（5）Inoe	（6）Urbh
L. Inoe	1. 182*** (43. 24)	−0. 003*** (−3. 91)	0. 352*** (12. 34)	0. 001 (1. 01)	1. 242*** (44. 34)	−0. 001 (−1. 65)
L2. Inoe	−0. 050 (−1. 47)	0. 007*** (9. 06)	0. 021 (0. 58)	0. 008 (1. 45)	−0. 097*** (−2. 78)	0. 005 (1. 25)
L. Urbh	5. 702*** (6. 13)	0. 522*** (23. 76)	7. 168*** (6. 54)	−0. 541*** (−21. 45)	2. 576*** (2. 85)	0. 532*** (24. 05)
L2. Urbh	−2. 972*** (−2. 97)	0. 397*** (16. 81)	3. 127** (2. 47)	−0. 285*** (−9. 83)	−0. 641 (−0. 66)	0. 402*** (14. 65)
时间趋势	—	—	—	—	控制	控制
常数	0. 051*** (3. 92)	0. 002*** (6. 79)	0. 119*** (9. 22)	0. 003*** (8. 70)	0. 398*** (12. 90)	−0. 001 (0. 54)
R^2	0. 9147	0. 7654	0. 1177	0. 2258	0. 9244	0. 7760
联合显著性 P 值	显著	显著	显著	不显著	显著	不显著

注：括号内为 t 值，***、**和*分别表示在 1%、5% 和 10% 的水平下显著。

4.1.3 门槛效应检验

(1)门槛特征检验

为了验证在不同规模下城市层级对城市创新绩效影响效果的异质性，选择城市规模作为门槛变量进行面板门槛模型回归。分别利用夜间灯光亮度值、人口总数和 GDP 作为城市规模的代理变量。门槛效应检验结果如表 4-4 所示，可以发现，夜间灯光亮度值和 GDP 作为门槛变量时单门槛模型时 F 值最高，因此选择单门槛模型；人口总数作为门槛变量时双门槛模型 P 值最低，门槛效应最显著，因此选择双门槛模型。可以发现，单门槛变量夜间灯光亮度值作为门槛时，门槛值取值为 30530.148 时最显著；双门槛变量人口作为门槛时，门槛值取值为 187 万人和 549.2 万人时最显著；单门槛变量 GDP 作为门槛变量时，门槛值取 1290 亿元时最显著。

表 4-4 门槛效应检验

门槛变量	门槛数	F 值	P 值	1%临界值	5%临界值	10%临界值
夜间灯光	单门槛	455.258***	0.000	42.131	26.889	18.720
	双门槛	106.251***	0.000	13.330	-1.118	-5.345
	三门槛	0.000	0.213	0.000	0.000	0.000
人口	单门槛	300.218***	0.001	41.557	28.366	19.763
	双门槛	101.104***	0.000	-11.538	-29.079	-34.124
	三门槛	0.000	0.120	0.000	0.000	0.000
GDP	单门槛	427.083***	0.000	43.084	23.700	15.352
	双门槛	109.172***	0.000	25.665	14.036	9.232
	三门槛	0.000*	0.093	0.000	0.000	0.000

注：***、**和*分别表示在1%、5%和10%的水平下显著。

(2)门槛回归结果

表 4-5 展示了不同门槛效应下各变量间的回归结果。通过第(1)列可以发现：第一，城市夜间灯光亮度值在跨过第一个门槛后，城市层级对创新绩效的影响作用显著增强。这是由于夜间灯光亮度值越高，则城市规模越大，只有达到一定规模的城市才能够吸引更多的劳动力，进而促进城市创新绩效的提升。

第二，城市层级在第一个和第二个门槛之间时，创新绩效受到城市层级的影响最大，弹性系数为 46.38，显著性最强。其中，城市层级跨越门槛的样本数约占总样本的 23.38%，主要包括北京、上海、天津、重庆和苏州、宁波、厦门、昆明等城市。这说明对该类型的城市来讲，随着城市夜间灯光亮度值的提高，城市层级对创新绩效的促进作用逐步增强。

如第（2）列所示，总人口规模在跨过第一个和第二个门槛的过程之中，城市层级对创新绩效的影响表现为先上升再下降的促进作用，即在不同的人口规模阶段，城市层级对创新集聚的促进作用存在差异性的动态变化。在实践中，城市层级位于第一个和第二个门槛之间的样本占总样本 16.8%。这说明，部分城市仍然处于城市层级对于创新绩效的提升阶段。但是，总人口超过第二个门槛的样本仅占总样本 2.91%，即随着城市人口规模的持续扩大，少数城市层级对创新绩效具有抑制作用，这说明，人口规模虽然有利于城市层级对创新绩效发挥促进作用，然而人口盲目的大规模扩张则会阻碍城市层级对创新绩效的提升效果。

如第（3）列所示，GDP 作为门槛变量充分发挥着单门槛的效果，城市 GDP 超过 1290 亿元后城市层级提升对创新绩效的促进作用有明显提升，在实践中，超过该门槛的样本约占总样本的 19.4%。可见，随着城市经济发展水平的提高，城市层级对于创新要素和创新资源的集聚作用愈发明显，因此，城市层级对创新集聚的促进作用逐渐增强。究其原因，当经济发展水平较低时，城市发展往往处于盲目、无序的扩张状态，虽然城市层级提升，但是相应的城市功能和配套措施没有与城市层级提升相适应。但当经济发展水平到达一定程度时，城市的工业化和现代化进程加速，土地、人力资源等经济要素的制约作用越来越明显，城市经济发展需尽快实现由要素驱动向创新驱动转变，城市层级的提升将能够快速有效地吸引大批的人才，提高城市创新能力，从而提高城市创新绩效。这也说明，处于金字塔顶层的城市对于创新资源的虹吸效应更加明显，城市只有达到一定的规模层次才能具有广泛的创新辐射力，创新中心需要有相应的实体经济实力予以支撑。此外，控制变量的系数和显著性与表 4-1 中的回归结果基本保持一致，除了城市教育经费支出（Edue）对于城市创新绩效的影响作用均显著为正值，即说明教育支出增大对于城市创新绩效的提升存在正向的促进作用；实际利用外资额占 GDP 比重（Rufc）对于城市创新绩效的影响表现为正值，却并不具有显著性。

表 4-5   门槛效应分析

变量		（1）夜间灯光	（2）人口	（3）GDP
Urbh	门槛变量<δ_1	7.239*** (3.67)	10.514*** (5.94)	7.474*** (3.87)
	$\delta_1 \leq$门槛变量<δ_2	46.38*** (27.60)	44.627*** (29.68)	44.196*** (27.00)
	$\delta_2 \leq$门槛变量	—	21.829*** (10.55)	—
Gdpp		1.07e−05*** (7.95)	1.32e−05*** (9.60)	1.79e−05*** (10.63)
Tsr		−0.010** (−2.09)	−0.012** (−2.44)	−0.029*** (−3.00)
Urss		−4.423*** (−2.79)	−0.720 (−0.51)	−5.467*** (−3.02)
Urbd		0.443 (1.61)	−0.121 (−0.47)	−0.285 (−0.92)
Rdex		0.121*** (4.34)	0.130*** (4.79)	0.026 (0.97)
Edue		0.276*** (5.49)	0.149*** (3.20)	0.207*** (4.07)
Rufc		−0.003 (−0.17)	−0.001 (−0.10)	−0.005 (−0.03)
时间效应		控制	控制	控制
个体效应		控制	控制	控制
常数		0.485 (1.03)	0.834* (1.75)	2.331** (2.48)
R^2		0.5556	0.5788	0.5297
样本量		2360	2441	2441
δ_1		30530.148	187	1.29e+07
δ_2		—	549.2	—

注：括号内为 t 值，***、**和*分别表示在 1%、5%和 10%的水平下显著。

4.2　城市层级与创新集聚

4.2.1　理论模型

(1)模型基础与参数设定

现有对于经济集聚的研究的切入点分为需求端和供给端,前者的均衡条件为需求端效用最大化(Combes,等,2012),后者则为利润的最大化(Duran,等,2016)。由于采用创新要素的主体是企业而非消费者,因此本章选用生产端,即企业的投入产出作为研究切入点。企业的投入产出是企业基于要素投入的生产函数,因此需要解决的问题有:生产函数的表达形式是怎样的,要素的成本如何表达,以及如何将"集聚"纳入生产函数。

从知识创新到生产最终产品分为两个步骤:知识的生产和知识的资本化,研究知识生产的工具模型为知识生产函数(任志安,王立平,2006),而知识的资本化就是平常所讨论的生产函数,现有基于生产函数对于创新及创新绩效的研究所采取的生产函数的形式有 CES 生产函数(王贻志,等,2006)和柯布道格拉斯生产函数(姜明辉,贾晓辉,2013)(以下简称 C-D 生产函数)。由于C-D 生产函数具有方便增减变量的特点,因此知识的生产函数更多地采用 C-D生产函数的形式(Fischer,2002),由于将集聚等空间因素直接作为生产函数的一个变量来衡量企业的产出是一个常用的方法(Graham,2008;张丽华,等,2011),因此本章采用添加了集聚因素的 C-D 函数作为知识的生产函数。由于 C-D 函数中企业全要素生产率代表着技术效率与创新水平(刘浩,等,2020),由此,前一阶段的知识产出影响着后一阶段的全要素生产率。将知识生产的产出视为全要素生产率的增加,因此全要素生产率可以视为现有知识存量与知识生产的产出之和。在实践中,进行 R&D 活动的主体包括专门进行研究与开发的机构以及企业中的研究与开发部门。为方便起见,将企业分为两种:R&D 企业和制造型企业,前者代表专门进行研究与开发的企业,生产知识;后者则利用前者产出的知识进行最终商品的制造;此时,进行 R&D 企业 i 所产出的知识总价格为 $Y1_i = A1_i \cdot Lc^{\alpha_1} \cdot Lc_i^{\alpha_2} \cdot K_i^{\alpha_3} \cdot KC^{\alpha_4}$,利用知识制造最终商品的制造型企业 j 的生产函数为 $Y2_j = (A2_j + c_j) \cdot Lz_j^{\beta_1} \cdot K_j^{\beta_2}$。其中,$A1_i$ 代表了企业 i 的全要素生产率,$A2_j$ 代表企业的知识存量,全要素生产率 $(A2_j + c_j)$ 代表了企业的知识存量与新购买的知识 c_j 之和;Lc 代表了该城市的 R&D 人员总量,代表着创新人力资源的集聚,用以表征创新集聚对特定企业创新产出的影响；Lc_i 和 Lz_j 分别代表了企业 i 和 j 投入的劳动要素，用就业总人数来衡量；K_j 是企业 j 投入的资本要素，KC 是指该城市中 R&D 资本的总量，用于度量资本层面的创新集聚；c_j 是由 R&D 企业所产生的，由制造型企业 j 所购买并投入，能够影响企业 j 生产函数的知识，记每一单位 c_j 的价值为 PC；α_1、α_2、α_3、α_4、β_1、β_2 为系数，衡量了不同要素在生产创新产品以及最终产品的相对重要性。

由于在创新活动中，作为第一资源的人力资源是最重要的投入，不同地区劳动力成本的差异很大程度上决定着生产成本的差异，因此本章对于企业成本的研究关注点在于劳动力成本，至于资本等其他要素的成本可以视为外生给定的，这里假设所有城市的劳动力和资本市场均为完全竞争市场，下面将首先探究特定城市劳动力成本的表达形式。

劳动力的成本也就是劳动者收入，在这里应当包括生活成本、行政成本以及通勤成本，生活成本的衡量较为复杂（陈龙，2010），但 Langston 和 Simmons（1985）和 Dumond 等（1999）均发现城市人口和该城市生活成本呈正向关系，因此这部分成本便视为同人口呈线性关系的函数；对行政成本而言，高行政等级的城市在审批和信息来源上均具有优势，很多审批环节需要在省会或中心城市才能进行，并且低行政等级城市由于基础设施相对较弱还可能使居民产生许多潜在成本，因此这部分成本是由城市行政等级决定；通勤成本被通常视为距离的平方，而距离的平方是面积，所以可以采用城市面积来表征通勤成本（章元，王驹飞，2019），记这部分成本为 Soc；为方便起见，这里假设其为线性关系：$Pl = a_1 \cdot S + a_2 \cdot Pop + a_3 \cdot Soc$，其中 S 为城市等级，Pop 为人口，Soc 为城市面积，Pl 为劳动力成本或劳动者收入。

（2）模型推导与均衡状态

对于 R&D 企业来说，目标应为利润最大化，即：

$$\max(A1_i \cdot Lc^{\alpha_1} \cdot Lc_i^{\alpha_2} \cdot K_i^{\alpha_3} \cdot K^{\alpha_4} - Pl \cdot Lc_i - K_i), \quad \forall i = 1, 2, \cdots, n$$

其中，n 为 R&D 企业的个数，同理，对于制造型企业来说：

$$\max((A2_j + c_j) \cdot Lz_j^{\beta_1} \cdot K_j^{\beta_2} - PC \cdot c_j - Pl \cdot Lz_j - K_j), \quad \forall j = 1, 2, \cdots, m$$

m 为制造型企业的个数。

值得注意的是，这里的 K_i 为企业投入的新资本，至于不同企业资本存量部分的差异所导致的生产函数的不同可以通过在不同企业生产函数之前增加一个不同的系数来描述，但由于企业全要素生产率的系数也是每个企业都分别表示的，因此在这里没有必要再添加一个新的系数，A1 和 A2 部分已经涵盖了这个层面的信息，由于 c_j 是 R&D 企业所制造出来的，且假设全部流向了制造型企业，不存在效率的损失，从而有：

$$\text{PC} \cdot \sum_{j=1}^{m} c_j = \sum_{i=1}^{n} \text{A1}_i \cdot \text{Lc}^{\alpha_1} \cdot \text{Lc}_i^{\alpha_2} \cdot K_i^{\alpha_3} \cdot K^{\alpha_4} \tag{4-5}$$

在式(4-5)中，还隐含着微观个体之和与宏观变量的关系的假设，即：除了集聚引起的规模经济以外，不存在其他外部性因素。

L 为该地区所有劳动者数量，因此：

$$L = \sum_{j=1}^{m} \text{Lz}_j + \text{Lc} = \sum_{j=1}^{m} \text{Lz}_j + \sum_{i=1}^{n} \text{Lc}_i \tag{4-6}$$

由于企业只在劳动和资本的投入上有支配权和决定权，因此，Lc_i 和 K_i 应当被视为企业生产函数中的自变量，所以，R&D 企业利润函数的极值点满足：

$$\frac{\partial(\text{A1}_i \cdot \text{Lc}^{\alpha_1} \cdot \text{Lc}_i^{\alpha_2} \cdot K_i^{\alpha_3} \cdot K^{\alpha_4} - \text{Pl} \cdot \text{Lc}_i - K_i)}{\partial \text{Lc}_i} = 0 \tag{4-7}$$

$$\frac{\partial(\text{A1}_i \cdot \text{Lc}^{\alpha_1} \cdot \text{Lc}_i^{\alpha_2} \cdot K_i^{\alpha_3} \cdot K^{\alpha_4} - \text{Pl} \cdot \text{Lc}_i - K_i)}{\partial K_i} = 0 \tag{4-8}$$

制造型企业的利润函数极值点满足：

$$\frac{\partial((\text{A2}_j + c_j) \cdot \text{Lz}_j^{\beta_1} \cdot K_j^{\beta_2} - \text{PC} \cdot c_j - \text{Pl} \cdot \text{Lz}_j - K_j)}{\partial \text{Lz}_j} = 0 \tag{4-9}$$

$$\frac{\partial((\text{A2}_j + c_j) \cdot \text{Lz}_j^{\beta_1} \cdot K_j^{\beta_2} - \text{PC} \cdot c_j - \text{Pl} \cdot \text{Lz}_j - K_j)}{\partial c_j} = 0 \tag{4-10}$$

并且还有 $\text{Pl} = a_1 \cdot S + a_2 \cdot \text{Pop} + a_3 \cdot \text{Soc}$，记为式(4-11)。

这里式(4-10)可以化为：

$$\text{Lz}_j^{\beta_1} \cdot K_j^{\beta_2} = \text{PC}$$

从而可以确定 $\text{Lz}_j = K_j^{\frac{-\beta_2}{\beta_1}} \cdot \text{PC}^{\frac{1}{\beta_1}}$，因此 Lz_j 也只与资本投入和创新产品的价格有关。值得注意的是，Pl 也是 L 的函数，将 Lz_j 的表达式代入式(4-9)可以得到：

$$(\text{A2}_j + c_j) = \frac{\text{Pl} \cdot \text{PC}^{\frac{1}{\beta_1}-1}}{\beta_1 \cdot K_j^{\frac{\beta_2}{\beta_1}}}$$

因此，得到了企业 j 的知识的需求函数。

式(4-7)可以化为：

$$\text{A1}_i \cdot \alpha_2 \cdot \text{Lc}^{\alpha_1} \cdot \text{Lc}_i^{\alpha_2-1} \cdot K_i^{\alpha_3} \cdot K^{\alpha_4} - \text{Pl} = 0$$

式(4-8)可以化为：

$$\alpha_3 \cdot \text{A1}_i \cdot \text{Lc}^{\alpha_1} \cdot \text{Lc}_i^{\alpha_2} \cdot K_i^{\alpha_3-1} \cdot K^{\alpha_4} - 1 = 0$$

联立上述两个式子可以得到：

$$\mathrm{Lc}_i = \frac{\alpha_2 \cdot K_i}{\alpha_3 \cdot \mathrm{Pl}}$$

此时，企业 i 的知识供给函数为：

$$\frac{\mathrm{A1}_i \cdot \mathrm{Lc}^{\alpha_1} \cdot \left(\dfrac{\alpha_2 \cdot K_i}{\alpha_3 \cdot \mathrm{Pl}} \right)^{\alpha_2} \cdot K_i^{\alpha_3} \cdot K^{\alpha_4}}{\mathrm{PC}} = c_i$$

结合式(4-5)，由均衡状态下需求等于供给可以得到：

由隐函数存在定理可知：

$$\sum_{j=1}^{m} \left(\frac{(a_1 \cdot S + a_2 \cdot \mathrm{Pop} + a_3 \cdot \mathrm{Soc}) \cdot \mathrm{PC}^{\frac{1}{\beta_1} - 1}}{\beta_1 \cdot K_j^{\frac{\beta_2}{\beta_1}}} - \mathrm{A2}_j \right) -$$

$$\sum_{i=1}^{n} \mathrm{A1}_i \cdot \mathrm{Lc}^{\alpha_1} \cdot \left(\frac{\alpha_2 \cdot K_i}{\alpha_3 \cdot (a_1 \cdot S + a_2 \cdot \mathrm{Pop} + a_3 \cdot \mathrm{Soc})} \right)^{\alpha_2} \cdot K_i^{\alpha_3} \cdot K^{\alpha_4} = 0 = F$$

$$\frac{\partial \mathrm{Lc}}{\partial \mathrm{Pop}} = \frac{\dfrac{-\partial F}{\partial \mathrm{Pop}}}{\dfrac{\partial F}{\partial \mathrm{Lc}}} > 0, \quad \frac{\partial \mathrm{Lc}}{\partial S} = \frac{\dfrac{-\partial F}{\partial S}}{\dfrac{\partial F}{\partial \mathrm{Lc}}} > 0$$

$$\frac{\partial K}{\partial \mathrm{Pop}} = \frac{\dfrac{-\partial F}{\partial \mathrm{Pop}}}{\dfrac{\partial F}{\partial K}} > 0, \quad \frac{\partial K}{\partial S} = \frac{\dfrac{-\partial F}{\partial S}}{\dfrac{\partial F}{\partial K}} > 0$$

城市层级，或者说在城市系统中的相对重要性，其决定因素很多，包括行政等级、自然状况、人口分布等，人口越多、面积越大的城市，其在城市体系的相对重要性也就越高，城市层级也就越大。因此这里得到第一个命题：

命题 1：城市层级的高低和创新集聚的水平正向匹配。

二者的正向匹配关系也可以理解为一种收益和成本的匹配，高收益来源于高成本，集聚由于存在正向的规模经济，因此创新的集聚便会有着高收益，而城市层级的提升便意味着生产成本的增加，无论是劳动者成本还是土地成本，均会随着城市层级提升而上升。

在柯布-道格拉斯生产函数中，如果 $a_2 < 1$，则上述 Lc 和 K 关于城市层级变量(Pop、S 等)的二阶导数均为正数，在 $a_2 \geqslant 1$ 的时候，这 4 个二阶导数均为负数，也就是说：

推论 1：城市层级对创新集聚的影响方式因城市层级的不同而具有异质

性，可能存在着规模递增或规模递减效应。

一般情况下，生产函数中变量的系数均会小于 1，否则便会有指数型的增长，因此二者的影响更可能存在着规模递增的情况。低层级城市由于尚未达到一种规模经济，所以其层级对创新集聚的影响较小，高层级城市正好相反。

除此之外，还容易发现 $\frac{\partial Lc}{\partial Pl} > 0$、$\frac{\partial K}{\partial Pl} > 0$，即：均衡状态下创新集聚随着劳动者收入增加而增加，因此也存在 $\frac{\partial Lc}{\partial Soc} > 0$、$\frac{\partial K}{\partial Soc} > 0$，即：创新集聚随城市面积的增加而增加。因此引出第二个命题：

命题 2：劳动者收入和城市面积对创新集聚具有正向的影响作用。

由于 n 和 m 可能发生变化，因此不能从单个企业的角度进行分析，而应当从宏观的角度进行探讨（即 Lc，K 等），因此初步能得到由于规模经济以及在高层级城市中劳动者收入较高，城市层级和创新集聚正向匹配。下面将用多个因素构造城市层级和创新集聚的指标来计量二者的相关关系。为建模的方便，假设不存在创新绩效的损失，但由于区域创新绩效提升代表着在该区域内企业投入既定的情况下产出提升，因此企业，这一逐利的微观个体，会更倾向于集聚在创新绩效较高的地区，即：

命题 3：创新绩效的提升对创新集聚有着促进作用。

在实证过程中，本节也将探究创新绩效对创新集聚的影响。上述分析的落脚点在于供求相等的市场出清状态，但在现实中由于市场的不完全等因素，市场出清状态未必能够达到。通过对均衡状态的等式分析可以发现，如果供给大于需求，那么会削弱城市层级对创新集聚的正向匹配关系；反之会促进二者正向匹配关系。但是，二者的正向匹配关系是一直存在的。

4.2.2　计量模型与变量选择

（1）模型选择

根据上述模型的讨论，创新集聚受到城市层级、创新绩效、城市面积、收入水平等诸多因素的影响，考虑到创新集聚除了集聚的总量和集中程度以外，还受到城市内部分散化程度的影响，分散化程度的提升会引起集聚水平的降低（Schirmer, Axhausen, 2015），因此，这里还需添加"城市斑块密度"作为衡量城市分散化程度的指标。对城市层面的数据而言一般都会有不可观测的个体效应（李斌，杨冉，2020），因此设计以下计量模型：

$$\text{Inc}_{it} = \beta_1 \cdot \text{Urb}_{it} + \beta_2 \cdot \text{Rote}_{it} + \beta_3 \cdot \text{Clfc}_{it} + \beta_4 \cdot \text{Gdpper}_{it} + \beta_5 \cdot \text{Pd}_{it}$$
$$+ \beta \cdot \text{control\_variates} + \gamma \cdot t + \alpha + \beta_0 + \varepsilon_{it}$$

其中被解释变量 Inc 为创新集聚；核心解释变量 Urb 为城市层级，Rote 为创新绩效，Clfc 为城市建设用地面积，Gdpper 为衡量收入的人均 GDP，Pd 为城市斑块密度；control_variates 为控制变量；t 为时间效应；α 为不可观测的个体效应；ε_{it} 为随机误差项。

（2）指标构建

被解释变量创新集聚(Inc)指标的构建应当从创新资源数量和创新资源集中度两个方面来进行，前者是指创新的物质资本与人力资本投入和创新产出（赵少平，黄飞，2016）；后者是指 R&D 人员总数占就业总人数的比例（Quah，2000；Turknia，2019）。结合数据的可得性选取了 R&D 人员总数（人）、检索三大专利申请数（件）、检索科技论文数（篇）、R&D 人员总数占就业总人数的比重（%）、财政科学支出（万元），并对数据做归一化处理。对权重赋予而言，结合熵值法和 AHP 两种方法，利用最小二乘使得最终确定的权重同两种方法的偏差和最小，记权重为 $(w_1, w_2, w_3, \cdots, w_n)$，其需要满足：$\sum (w_i - wA_i)^2 + (w_i - wE_i)^2$ 最小，其中 AHP 法赋予的权重为 $(wA_1, wA_2, \cdots, wA_n)$，EVM 法赋予的权重为 $(wE_1, wE_2, wE_3, \cdots, wE_n)$。

解释变量：①城市层级(Urb)：将 4.1.1 中所定量出的城市层级作为关键解释变量之一。②创新绩效(Rote)：可以理解为创新投入与产出的关系。创新绩效的指标参考 Fan 等（2020），选择科技从业人员数（万人）、公共财政科技支出（万元）和全社会固定资产存量（万元）作为创新投入，选择检索科技论文数（篇）、检索三大专利申请数（件）作为创新产出，利用链式网络 DEA 进行量化，并将每一个决策单元的投入和产出相比并加权平均，最终得到创新绩效。③人均 GDP(Gdpper)：衡量劳动者收入的指标包括可支配收入、行业平均工资等，本章参考夏怡然和陆铭（2015），用人均 GDP 这一指标来衡量。④城市建设用地面积(Clfc)：由于在中国，只有建设用地才能够被开发和建设，经济活动均处于建设用地当中，因此选取城市建设用地面积而非总面积作为衡量城市面积的指标。⑤城市斑块密度(Pd)：是指城市单位面积里具有的建设用地斑块数量，斑块是景观格局的基本组成单元，指不同于周边背景的、特征相似的非线性区域（贾梦圆，等，2019）。创新集聚和城市层级变量的权重赋值如表4-6所示。

表 4-6　　　　　　　　　　　创新集聚与城市层级的指标与权重

创新集聚指标			
指标	AHP 法	EVM 法	最小二乘后权重
R&D 人员总数(人)	0.2105	0.2949	0.2527
检索论文篇数(篇)	0.0526	0.0867	0.0697
R&D 人员总数占就业总人数之比(%)	0.4211	0.3857	0.4034
地方财政科技支出(元)	0.2105	0.1233	0.1669
检索三大专利申请数(件)	0.1053	0.1094	0.1073
城市层级指标			
社会消费品零售总额(万元)	0.0870	0.0850	0.0860
全社会用电量(万千瓦时)	0.0870	0.0835	0.0852
实际利用外资额(万美元)	0.0870	0.1145	0.1007
第三产业从业人员数(万人)	0.1739	0.1904	0.1821
民航客运量(万人次)	0.3478	0.1824	0.2651
民航客运量占人口的比重(%)	0.0870	0.1705	0.1287
人均用电量(千瓦时/人)	0.0522	0.0615	0.0568
实际利用外资额占地区生产总值的比重(%)	0.0522	0.0557	0.0539
公路水路客运量占总人口的比重(%)	0.0261	0.0567	0.0414

　　控制变量：除了上述解释变量以外，可能会有未出现在模型中但对被解释变量存在影响的变量。首先需要控制的是就业总人数，Patrick 和 Hussler (2005)在关于创新的研究中将人力资本作为影响创新产出的变量之一，本章的理论推导部分也提到了人力资本对创新集聚的影响。其次对中国而言，产业结构也是影响城市发展与技术创新的重要因素，因此应当将产业结构，即三大产业所占 GDP 比重加以控制(易信，刘凤良，2015)，由于三产业存在之和为 1 的线性相关性，因此仅需控制其中两个即可。最后，还应当考虑其他衡量城市内部空间结构的变量，包括：①分型维数，即用以量化城市空间形态的自相似特征的指数；②最大斑块指数，即最大城市土地斑块面积和城市土地总面积的比值等；为避免多重共线性的影响，在考虑个体效应之前去除了方差膨胀因子(vif)大于 10 的指标，综上所述，最终选取的控制变量为：就业总人数(Twp)，第一产业占比(Fcr)，第三产业占比(Tcr)，分型维数(Fd)，最大斑

块指数(Lpi)。变量具体的数据来源见表 4-7,时间区间为 2003—2016 年;为保持数据的精准性,将存在数据缺失的样本剔除出去,最终得到了一个非平衡面板数据,共 3831 个样本。

表 4-7　　　　　　　　　　　　变量的选择与描述

变量类别	变量名	变量描述	数据来源
因变量	创新集聚	利用 R&D 人员总数、检索论文篇数等构建出的,用于衡量城市创新集聚水平的变量	《中国城市统计年鉴》(2004—2017);中国期刊全文数据库;web of Science;《中国专利全文数据库(知网版)》;《中国科技统计年鉴》(2004—2017)
自变量	城市层级	利用社会消费品零售总额等构建出的,用于衡量特定城市在城市体系中相对位置高低的指标	《中国城市统计年鉴》;各省级行政单位统计年鉴
自变量	创新绩效	知识投入与产出的比值	利用 DEA 方法测算
自变量	建设用地面积	城市土地面积中已经开发建设的部分	《中国城市统计年鉴》(2004—2017)
自变量	人均 GDP	用于衡量劳动者收入	采用 Schneider A,Woodcock(2008)的方法进行测算
自变量	城市斑块密度	城市单位面积中斑块的数量,用于衡量城市分散化程度	采用 Schneider A,Woodcock(2008)的方法进行测算
控制变量	第一产业占比	第一产业占 GDP 的比重,衡量产业结构的变量	《中国城市统计年鉴》(2004—2017)
控制变量	第三产业占比	第三产业占 GDP 的比重,衡量产业结构的变量	《中国城市统计年鉴》(2004—2017)
控制变量	就业总人数	城市内拥有工作的人数	《中国城市统计年鉴》(2004—2017)
控制变量	分形维数	用以量化城市空间形态的自相似特征的指数	利用中国城市 GIS 数据自行测算
控制变量	最大斑块指数	最大城市土地斑块面积和城市土地总面积的比值	利用中国城市 GIS 数据自行测算

4.2.3　实证分析与检验

经过对"城市"虚拟变量的 F 检验，个体效应在 1% 显著性水平下存在，拒绝不存在个体效应的原假设，考虑到个体效应的模型分为固定效应与随机效应模型，经过豪斯曼检验，P 值接近于 0，因此可以接受选择固定效应模型的原假设。综上所述，构造的回归方程为双向固定效应模型。

（1）基本模型回归结果

首先，采取最小二乘回归，分别作出了控制其他变量前后创新集聚与城市层级两变量的相关性与偏回归图，结果如图 4-3 所示。

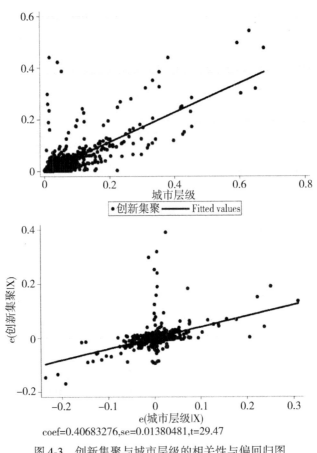

图 4-3　创新集聚与城市层级的相关性与偏回归图

图 4-3 左图和右图分别为控制其他变量前后的偏回归图，初步来看，两者

有着显著的相关关系。采用 B-P 检验和 Pesaran（2015）的方法分别检验了异方差性和截面相关性后，结果显示方程在 1% 显著性水平下存在异方差性和截面相关问题，如果不加以处理统计结果的显著性检验便是无效的。因此，选取了处理截面相关和异方差问题的 Driscoll-Kraay 标准误估计关键变量的显著性水平，该方法改变了原有显著性检验的统计量。

表 4-8 是基准面板模型的估计结果，第一列是普通回归的结果和 t 检验的显著性，第二列是利用 Driscoll-Kraay 标准误进行显著性检验的结果，第三列和第四列是利用 Driscoll-Kraay 标准误在 90% 置信区间下的结果。城市层级对创新集聚有着显著的正向影响：城市层级变量每提升 1 个单位，会带动创新集聚变量提升约 0.4 个单位，且 90% 的置信区间内关键解释变量系数的正负值均未发生变化。创新资源偏好集聚于大城市是由于大城市拥有技术优势、信息优势、风险投资机会和风险分散优势以及规模优势，同时城市规模大，专业分工更细，促使研发人员在特定领域的分工更细致，劳动生产率更高，从而提高了城市整体的创新绩效。城市层级对创新集聚的作用未被其他影响因素覆盖，这说明城市规模是打破创新集聚路径依赖的重要因素，凸显了城市层级对创新空间分布的重要性。

城市建设用地面积和劳动者收入对创新集聚分别在 5% 和 10% 显著性水平下有着正向影响。一方面，城市面积的扩大将会为创新资源的集聚提供更多的可选空间，另一方面，城市建设新区通常具有更好的基础设施、交通通勤与生态环境，创新资源对这些地区的选择具有偏好性，因此能够吸引更多的创新资源集聚。值得注意的是，城市面积和劳动者收入存在着一定的相关关系（Hoch，Irving，1972），所以模型中展示的二者对创新集聚的影响有所偏低。创新绩效对创新集聚有显著且正向的影响，因此验证了命题 3。城市创新绩效的提升有利于城市内部的知识溢出和技术扩散，从而形成更加多样性、专业化的技术创新网络与信息交流网络，创造更多的交流机会和降低交易费用，吸引更多的创新资源集聚。城市斑块密度对创新集聚有着负向影响，究其原因，城市土地斑块密度越高，城市土地的破碎程度越大，城市内部空间联系紧密性越低，城市的交通效率以及市政设施的使用效率越低，从而不利于专业化分工和创新资源集聚。

作为控制变量的第一产业占比和最大斑块指数对于创新集聚具有一定的正向影响影响，而其余控制变量对创新集聚的影响均不显著。

表 4-8   静态面板回归结果

变量名	(1) 普通回归	(2) Driscoll-Kraay	利用 Driscoll-Kraay 标准误 90%置信区间	
Urb	0.3885*** (25.62)	0.3885*** (7.31)	0.3007	0.4762
Rote	0.0125*** (7.16)	0.0125* (1.77)	8.521e-04	0.0241
Clfc	9.19e-06*** (3.54)	9.19e-06* (1.88)	1.10e-06	1.73e-05
Gdpper	9.74e-08*** (4.28)	9.74e-08** (2.40)	3.04e-08	1.64e-07
Pd	-0.0484** (-2.31)	-0.0484*** (-3.27)	-0.0728	-0.0239
Twp	4.78e-05*** (5.19)	4.78e-05 (1.01)	-2.99e-05	1.254e-04
Fcr	1.981e-04 (1.85)	1.981e-04*** (3.28)	9.85e-05	2.978e-04
Tcr	5.46e-05 (0.76)	5.46e-05 (0.72)	-7.05e-05	1.797e-04
FD	-0.009 (-0.42)	-0.009 (-0.85)	-0.0266	0.0086
LPI	-0.0159* (-1.85)	-0.0159*** (-3.01)	-0.0246	-0.0072
个体效应	显著	显著		
时间效应	显著	显著		
常数项	0.01514(0.647)	0.0151(0.411)	-0.0543	0.0844

（2）内生性问题

内生性的检验和处理需要用到工具变量，工具变量应当为外生，同误差项没有相关性但却同潜在的内生变量存在显著关系的变量（Kirkeboen，等，2016）。对于本章而言，重点是讨论城市层级的潜在内生性问题。一般认为，一个内生变量的滞后两期可以作为工具变量，但前提假设为截面不相关，而本章却在1%显著性水平下存在截面相关性，因此并不能用城市层级的滞后项为工具变量，而应当通过选取外生工具变量的方法检验是否存在内生性问题。

记城市长宽之比为Lrb，该值越接近于1，说明城市围绕城市中心点空间扩散的均衡程度越高，越代表了城市周边的地理环境均质良好，这也便是一个城市能发展成高层级城市的重要原因，如中国西部地区的兰州由于地处山区，城市较为狭长，而北京、上海、广州等城市长宽之比则接近于1，但却与创新集聚没有直接的因果关系。因此，采用$(Lrb - 1)^2$这一衡量城市均衡程度的变量作为工具变量之一，采用Lrb作为另一个工具变量。该工具变量在5%显著性水平下通过了强相关性检验、弱识别检验、外生性检验，因此可以说明该工具变量的选取较为合适。最后利用$(Lrb - 1)^2$作为工具变量进行hausman检验，P值为0.5182，表明接受不存在内生性问题的原假设。

内生性出现的原因是遗漏变量和双向因果等，会导致估计结果的有偏或不一致，因此接受不存在内生性问题原假设代表着本模型不存在内生性所导致的估计结果不理想的问题。

（3）稳健性检验

本部分旨在对创新集聚与城市层级两变量正向匹配关系的稳健性加以检验，首先采取逐步增加控制变量的方法，先不考虑其他关键解释变量，将创新集聚与城市层级二者单独做回归；之后在原方程中加入所有关键解释变量，并逐步放入其他控制变量(见表4-9)。

表4-9　　　　　　　　　　　稳健性检验结果

变量名	(1) Inc	(2) Inc	(3) Inc	(4) Inc
Urb	0.4037 *** (0.000)	0.4198 *** (0.000)	0.3902 *** (0.000)	0.3890 *** (0.000)
Rote	—	0.0128 *** (0.000)	0.0124 *** (0.000)	0.0123 *** (0.000)
Clfc	—	1.26e-05 *** (0.000)	9.07e-06 *** (0.000)	9.04e-06 *** (0.001)
Gdpper	—	1.14e-07 *** (0.000)	9.75e-08 *** (0.000)	9.63e-08 *** (0.000)

续表

变量名	(1) Inc	(2) Inc	(3) Inc	(4) Inc
Pd	—	−0.0487 *** (0.000)	−0.0414 *** (0.001)	−0.0415 *** (0.001)
Twp	6.7e−05 *** (0.000)	—	4.75e−05 *** (0.000)	4.71e−05 *** (0.000)
Fcr	1.68e−04 (0.119)	—	1.994e−04 * (0.062)	1.944e−04 * (0.069)
Tcr	1.246e−04 * (0.085)	—	—	5.89e−05 (0.411)
FD	−0.0402 *** (0.008)	—	—	—
LPI	−0.0093 (0.284)	—	—	—
时间效应	显著	显著	显著	显著
固定效应	显著	显著	显著	显著
常数项	−0.0093 ** (0.025)	0.0013 (0.535)	−0.0043 (0.147)	−0.0062 * (0.099)

注：括号内为 t 值，***、** 和 * 分别表示在 1%、5% 和 10% 的水平下显著。

如表 4-9 所述，虽然关键解释变量的系数发生了小幅度的变化，但其与创新集聚在 1% 水平下的显著的相关关系并没有改变；另外，删除每个关键解释变量中最高和最低的 1% 的样本进行重新回归后发现，关键解释变量同创新集聚关系的显著性以及正负号亦没有发生变化。因此经过上述两种方法处理后，基本结论没有发生变化，前面的基本回归通过了稳健性检验。值得注意的是，随着变量的增加，所有变量之前系数的绝对值都在减少，因此考虑是否存在多重共线性问题，再次经过方差膨胀因子（vif）检验，所有变量的 vif 均小于 10，不存在多重共线性，所以自变量的变动对因变量变动的解释相互独立。

（4）因果关系检验

时间序列模型中的经典因果关系检验便为格兰杰因果检验，Dumitrescu 和 Hurlin（2012）提出了一种被认为是拓展了格兰杰因果检验至面板模型的思想。

该思想是在一个平稳序列中，当被解释变量的 1 到 k 阶滞后期以及解释变量的 1 至 k 阶滞后期作为新的解释变量时，如果原解释变量的 1 到 k 阶滞后期的系数均不显著，则接受二者不具备因果关系的原假设。对于本章来说，城市层级和创新集聚的指标并不是平稳的，如：2008 年中国实行扩张型财政政策后的 2009 年大多数城市的两个指标均有显著的提升。

因果关系检验的关键应当是探究城市层级的变动对创新集聚的变动是否有着影响，考虑到差分能够减弱时间趋势的作用，本部分采取了利用变量的差分进行回归的方式，即构造方程：

$$\mathrm{D.\,Inc}_{it} = \sum_{i=1}^{k} \gamma_{1i} \cdot \mathrm{L}_i.\,\mathrm{D.\,Urb}_{it} + \sum_{i=1}^{k} \gamma_{1i} \cdot \mathrm{L}_i.\,\mathrm{D.\,Inc}_{it} + \gamma_0 + \varepsilon_{it}$$

其中 $\mathrm{D.\,Inc}_{it}$ 为城市 i 在 t 年时刻创新集聚的一阶差分，$\mathrm{L}_i.\,\mathrm{D.\,Urb}$ 为城市层级指标一阶差分的 i 年滞后期，$\mathrm{L}_i.\,\mathrm{D.\,Inc}$ 为创新集聚指标一阶差分的 i 年滞后期，k 为滞后期数。

采取最小化 AIC 和 BIC 信息准则作为最优滞后期的选取规则，发现当滞后期为 1 期时 AIC 和 BIC 的值均为最小，因此采用滞后一期做因果关系检验。回归结果为：城市层级变量差分的滞后对创新集聚的差分在 1% 水平下存在显著的正相关关系，即：城市层级的变动能够解释创新集聚的变动，二者存在正向因果关系，城市层级的变动是引起创新集聚变动的原因。

为了检验二者是否互为因果关系，本章亦将城市层级的差分作为自变量，创新集聚和城市层级差分的滞后一期作为因变量进行检验，虽然创新集聚差分的滞后项对城市层级差分的正相关关系亦很显著，但可决系数仅为 0.04，相比较而言城市层级对创新集聚因果关系的可决系数将近 0.3，因此虽然创新集聚对城市层级也有正向且显著的因果关系，但无论从经济学还是统计学的角度来说，该关系不具有实质性意义。创新集聚和城市层级的显著正相关关系以及同城市斑块密度的显著负相关关系，且具有因果效用验证了命题 1，显示出了城市层级越高，对创新的吸引力也就越强，且城市内部空间结构的分散化程度负向地影响了创新集聚；创新集聚和城市建设用地面积、人均 GDP 的显著正相关关系验证了命题 2；和创新绩效的显著正相关关系验证了命题 3。

（5）异质性分析

利用面板分位数回归获取城市层级对创新集聚影响的全面信息，由大到小依次对城市层级排在 1%、5%、10%、25%、50%、75%、90%、95%、99% 的城市进行回归，为处理异方差性和截面相关性，仍旧选择 Driscoll-Kraay 标准误作为显著性检验的方式，结果如表 4-10 所示。

表 4-10　　分位数回归结果

被解释变量：Inc	(1) q0_01	(2) q0_05	(3) q0_10	(4) q0_25	(5) q0_50	(6) q0_75	(7) q0_90	(8) q0_95	(9) q0_99
Urb	0.551*** (5.11)	0.741*** (10.26)	0.643*** (12.39)	0.476*** (14.89)	0.400*** (17.61)	0.380*** (21.62)	0.380*** (24.12)	0.381*** (24.86)	0.380*** (25.37)
Rote	-0.370*** (-5.04)	-0.046 (-1.34)	-0.015 (-0.93)	0.006 (0.76)	0.025*** (7.07)	0.018 (7.67)	0.014*** (7.34)	0.013*** (7.15)	0.013** (7.22)
Clfc	7.18e-05 (1.68)	-2e-05 (-1.34)	1.57e-5 (0.85)	4.14e-05*** (3.82)	3.95e-05*** (4.96)	9.20e-06*** (2.92)	8.63e-06*** (3.15)	8.68e-06** (3.26)	8.85e-06* (3.40)
Gdpper	1.62e-7 (1.01)	1.45e-07 (1.21)	1.09e-07 (1.42)	1.36e-07*** (2.78)	1.20e-07*** (3.71)	1.16e-07*** (4.86)	9.14e-08*** (4.73)	8.59e-08*** (4.57)	7.63e-08*** (4.28)
Pd	2.126** (2.64)	-0.183 (-0.48)	-0.387* (-1.91)	-0.326*** (-4.07)	-0.164 (-1.34)	-0.116*** (-5.04)	-0.086*** (-4.83)	-0.074*** (-4.57)	-0.064*** (-4.46)
控制变量	显著	显著	显著	显著	显著	显著	显著	显著	显著
常数	0.535 (1.41)	0.192 (1.5)	0.147** (2.45)	0.024 (1.04)	0.010 (0.87)	0.008 (1.06)	0.004 (0.64)	0.002 (0.38)	0.001 (0.26)

注：括号内为 t 值，***，**和*分别表示在1%、5%和10%的水平下显著；表中q0_01代表1%分位数下的回归结果，下同。

上述分位数回归结果显示：城市层级对创新集聚的正向促进作用在所有分位数均在 1% 的水平上显著存在，城市层级对创新集聚的影响作用随着城市层级的不同具有异质性，从回归系数值大小来观察，城市层级对金融集聚的影响程度随分位点的右移基本呈现不断下降的规律，在 1%、5%、10% 分位数回归的估计系数显著大于其他估计系数。这表明城市层级对于创新集聚的影响呈现出规模递增效应，城市规模越大，所处等级越高，则所能够集聚的创新资源越多，处于城市顶层的城市对创新资源具有显著的虹吸效应，推论 1 成立。

创新绩效（Rote）对创新集聚的影响仅在前 1% 分位数回归的估计系数显著为负，在 5%、10%、25% 分位数回归的估计系数不显著，而在 50% 分位数回归的估计系数开始显著为正，原因在于处于中国城市层级顶端的两个中国最大的城市北京和上海，由于城市人口膨胀、交通拥挤、住房困难、环境恶化、资源紧张、物价过高等“城市病”日益严重，迫使部分 R&D 人员因经济压力不得不逃离北京和上海，到二三线城市寻求新发展。因此，这两个城市的创新绩效提升对于城市创新集聚反而没有起到促进作用，相反，中小规模的城市可以通过转型升级与产业转移，不断提升科技水平，促进创新集聚。

城市建设用地面积（Clfc）和劳动者收入（Gdppe）对创新集聚的影响在 25% 分位数以后回归的估计系数才开始显著为正，但在所有分位数下劳动者收入的系数均较小，这说明城市层级较高的城市，城市建设用地面积（Clfc）对创新集聚的影响作用不明显，部分原因在于高层级城市本身建设用地面积已经处于较高水平，通勤成本较大，再扩大建设用地面积只会进一步增加劳动者的生活成本，抵消其收入增加部分。可见，只有中小城市才能通过不断扩大城市规模较好地促进创新集聚，随着城市规模的边际效应递减，很难再通过城市规模和体量的扩大来提高创新集聚水平，而只有通过解决大城市病、优化创新环境和创新要素配置才能进一步加速创新集聚。

城市斑块密度（Pd）对创新集聚的影响仅在前 1% 分位数回归的估计系数显著为正，但在 10% 分位数后回归的估计系数显著为负，可能原因在于处于中国城市层级顶端的城市北京和上海，城市规模巨大，城市内部的每一个区相当于一个中等城市的规模，而城市也形成了多个中心的空间格局，这两个城市每一个城市都相当于是一个空间功能分区与产业链条互补的城市群，城市斑块密度的增加有利于这两个城市内部空间结构进一步优化，使城市居民围绕不同的城市中心就近工作与生活，反而有利于降低生活成本。而中小规模城市本身经济密度较低，城市空间的分散化、碎片化将会弱化不同城市空间之间的相互联系，不利于创新资源的集聚（Duranton，等，1986）。

（6）门槛回归：异质性的进一步分析

从异质性分析部分容易发现，部分关键解释变量对于高层级城市和低层级城市的影响有着一定的差异，因此本部分在控制时间效应影响的基础上将从门槛回归模型的角度来探究这种差异是否存在。"门槛回归"（threshold regression）是检验根据门槛值划分的样本组参数是否存在显著不同（Che，2013）。Hansen（1999）发展的门槛回归模型可以根据数据自身的特点内生地划分数据区间，避免了人为划分样本区间的随意性。因此采用 Hansen（1999）的门槛回归模型，以城市人均 GDP 为门槛变量，结合基准模型中的对数形式，设定如下模型：

$$\text{Inc}_{it} = \lambda_0 + \lambda_1 D_{it} \cdot I(\text{Gdpper}_{it} \leq r_1) + \lambda_2 D_{it} \cdot I(\text{Gdpper}_{it} > r_1) + \lambda_{0t} X_{it} + \gamma \cdot t + \varepsilon_{it}$$

$$(4\text{-}11)$$

其中 $I(\cdot)$ 表示指示性函数，当括号内表达式为真时取值为 1，为假时取值为 0。D_{it} 为核心解释变量，Gdpper_{it} 为门槛变量，X_{it} 表示控制变量，ε_{it} 为随机扰动项。当 $\text{Gdpper}_{it} \leq r_1$ 时，核心解释变量 D_{it} 系数为 λ_1，当 $\text{Gdpper}_{it} > r_1$ 时，核心解释变量 D_{it} 系数为 λ_2，X_{it} 为核心解释变量以外的其他变量，t 为时间效应，λ_0 为常数项，ε_{it} 为随机干扰项。λ_1 与 λ_2 的异同应当重点关注。

上述模型适用于单门槛的情况，双门槛情形适用如下模型：

$$\text{Inc}_{it} = \lambda_0 + \lambda_1 d_{it} \cdot I(\text{Gdpper}_{it} \leq r_1) + \lambda_2 d_{it} \cdot I(r_1 < \text{Gdpper}_{it} < r_2)$$
$$+ \lambda_3 d_{it} \cdot I(r_2 \leq \text{Gdpper}_{it}) + \lambda_{0t} X_{it} + \gamma \cdot t + \varepsilon_{it} \quad (4\text{-}12)$$

在去除了样本中非平衡部分后，对模型进行 Hausman 检验，结果显示强烈拒绝原假设，因此选择固定效应模型分析。并依次对核心解释变量进行门槛检验，检验结果如表 4-11 所示。

表 4-11　　　　　　　　　门槛检验结果

变量	模型	F 值	P 值	临界值		
				1%	5%	10%
Urb	单一门槛	152.360***	0.000	81.183	59.622	32.791
	双门槛	81.867***	0.003	56.425	33.603	23.921
	三门槛	0.000*	0.087	0.000	0.000	0.000
Rote	单一门槛	44.644***	0.003	17.741	13.044	9.853
	双门槛	96.272**	0.023	109.458	68.511	40.017
	三门槛	-52.320**	0.023	-42.930	-59.465	-67.182

变量	模型	F 值	P 值	临界值		
				1%	5%	10%
Clfc	单一门槛	157.418***	0.000	61.725	45.961	37.884
	双门槛	97.261***	0.000	23.995	1.287	-8.367
	三门槛	0.000*	0.077	0.000	0.000	0.000
Pd	单一门槛	32.508***	0.007	26.996	12.890	5.242
	双门槛	19.182***	0.000	6.530	-0.156	-1.517
	三门槛	-16.555	0.793	-1.071	-3.309	-4.569

注：表中数据为门槛检验所对应的 F 统计量，***、**和*分别表示在1%、5%和10%的水平下显著。

城市层级、建设用地面积、城市斑块密度均在1%显著性水平下通过了单门槛及双门槛检验，创新绩效在1%显著性水平下通过了单门槛检验，在5%显著性水平下通过了双门槛及三门槛检验，城市层级在10%显著性水平下通过了三门槛检验。最终对城市层级、创新绩效、建设用地面积采用双门槛模型，城市斑块密度采用单门槛模型进行分析。这是因为：（1）城市层级、创新绩效和建设用地面积三门槛中一个门槛前的系数均不显著，但双门槛中的系数均显著；（2）城市斑块密度双门槛中一个门槛前的系数不显著。

根据门槛回归结果，由表4-12可知，城市层级对创新集聚的影响呈现正向双门槛特征。当人均GDP在第一门槛值9576.23美元之下时，城市层级对创新集聚的弹性系数为0.0795，在研究末期，共有177个城市位于第一门槛之下，占中国城市样本总量的70.24%。当人均GDP在两个门槛值之间时，城市层级对创新集聚的弹性系数为0.3554，共有59个城市位于该区间内，占样本总量的23.41%。当人均GDP超过第二门槛值17626.54美元时，城市层级对创新集聚的弹性系数为0.4842，共有16个城市跨越了第二门槛，占样本总量的6.35%，这些城市以北京、深圳、天津、杭州、南京等城市规模较大的城市为主。可见，中国城市层级的提升可以有效促进创新集聚，随着城市经济发展水平的提高，城市层级对于创新资源的集聚作用越来越明显。当跨过相应的经济发展水平门槛后，城市层级对创新集聚的促进作用逐渐增强，即在不同经济发展阶段，城市层级对创新集聚的促进作用具有差异性的动态变化。究其原因，当经济发展水平较低时，城市发展往往处于盲目、无序的扩张状态，虽然城市规模快速提升，但是相应的城市功能和配套措施没有与城市规模提升相适应。但当经济发展水平到达一定程度时，城市的工业化和现代化进程加速，土地、人力资源等经济要素的制约作用越来越明显，城市经济发展需尽快实现由要素驱动向创新驱动转变，城市层级的提升将能够快速有效地吸引大批的人才，提高城市科研教育实力。这也说明，处于金字塔顶层的城市对于创新资源的虹吸效应更加明显，城市只有达到一定的规模层次才能具有广泛的创新辐射力，创新中心需要有相应的实体经济实力予以支撑。

表 4-12　　　　　　　　　　　　人均 **GDP** 为门槛变量

模型	分析变量	人均 GDP 取值范围	系数	95%置信区间	
双门槛	Urb	<9576.23	0.0795*** (2.68)	0.0212	0.1378
		9576.23-17626.54	0.3554*** (17.88)	0.3164	0.3944
		≥17626.54	0.4842*** (21.86)	0.4222	0.5463
	Rote	<12292.28	-0.0014 (-0.72)	-0.1087	-0.0592
		12292.28-17626.54	0.0126*** (2.70)	-0.0722	-0.0247
		≥17626.54	0.0492*** (7.90)	0.0370	0.0614
	Clfc	<10805.40	1.94e-05*** (3.00)	6.74e-06	3.21e-05
		10805.40-17626.54	7.10e-05*** (10.42)	5.76e-05	8.43e-05
		≥17626.54	1.28e-04*** (16.66)	11.29e-04	1.43e-04
单门槛	Pd	<6585.80	-0.0636** (-2.35)	-0.1168	-0.0105
		≥6585.80	-0.1014*** (-3.53)	-0.1578	-0.0451

　　注：括号内为 t 值，***、**和*分别表示在 1%、5%和 10%的水平下显著，BS 次数为 300 次。

人均 GDP 越大的城市，创新绩效、建设用地面积以及城市斑块密度对创新集聚的影响也越大。创新绩效在不同经济发展水平门槛下，对创新集聚的影响程度和方向均不同。当经济发展水平在第一门槛 12292.28 美元以下时，创新绩效对创新集聚的弹性系数为 -0.0014，且不显著；当跨过这一门槛后，创新绩效对创新集聚的弹性系数变为 0.0126，且显著；当经济发展水平位于第二门槛 17626.54 美元以上时，创新绩效对创新集聚的弹性系数变为 0.0492，创新绩效对创新集聚的促进作用显著增强。这说明，当城市的经济发展水平较低时，科技人员数量相对较少，且由于经济发达地区的虹吸效应，创新要素一般偏向从经济欠发达地区流向发达地区，创新要素的流出对于欠发达地区的创新集聚提升具有负向作用。当经济发展水平跨过第一门槛后，此类城市产业转型升级加速，科技要素流动由流出转为流入，随着经济发展水平跨过第二门槛，创新要素流入数量的不断增加，创新要素流动对于创新集聚的影响会发生由量变到质变的转化，呈现出较强的促进作用。

建设用地面积对于创新集聚的正向影响随着经济水平的提升而逐步增加，在跨越第二经济发展水平门槛时，对创新集聚影响的弹性系数最大。当城市的经济发展水平较低时，城市呈"摊大饼式"扩展，城市土地闲置和低效利用现象普遍存在，建设用地面积的提升对于创新集聚的影响作用较小。随着城市经济发展水平的提高，土地对于城市发展必然呈现较强的约束性和限制性，城市会根据有限土地资源的自然属性(土地经济、生态、适用性)和社会属性(市场供求关系、城市发展需求、社会经济发展需求)对土地资源利用进行优化配置，提升建设用地的利用效率，从而吸引更多的创新资源集聚。

城市斑块密度对创新集聚的影响系数显著为负，这是由于城市发展和扩张还要受到地理、环境等方面的限制，因此在城市结构和布局上总会出现不合理的现象。例如，会导致某一区域的高人口密度与环境恶化；在城市中心区域内，会存在许多国有企业，占据了市区重要地段，土地级差得不到充分体现，造成土地经济资源的严重浪费；土地利用与道路交通脱节，突出表明城市整体用地结构与布局形式未充分考虑整体交通的组织，造成部分交通资源的无端浪费。城市斑块密度对创新集聚影响系数的绝对值随人均 GDP 的增大而变大，说明经济发展水平越高的城市，城市斑块密度的降低更有助于提升创新集聚，即城市内部空间越紧密，创新集聚受到的促进作用越大。此外，城市斑块密度的门槛值显著低于存在双门槛的变量的门槛值，这是因为城市斑块密度反映了城市建设集中度，在城市发展早期，集中度往往有较大变化，且发展程度越高集中度变化越小，所以以城市斑块密度对创新集聚影响的显著变化发生在人均

GDP 处于较低水平时。

4.3　本章小结

　　本章以中国 280 个地级以上城市为研究对象,对城市层级与创新绩效之间的关系进行系统研究,通过双向固定效应模型,实证分析城市层级对创新绩效及创新集聚的影响作用,并利用面板门槛模型估计城市层级与创新绩效及创新集聚之间的非线性关系,探讨不同城市层级创新绩效和创新集聚的阶段性特征,主要得出了以下结论。

　　(1)中国城市层级的提升能够显著促进创新绩效。格兰杰因果检验结果显示城市层级是城市创新绩效的前提要件,但反过来并不成立。这意味着城市要成为区域创新高地的前提条件是要先要跃升为区域中心城市,只有大城市才能更好地促进创新绩效,而即使提高中小城市的创新投入也并不能很好地促进其城市层级的跃升。因此,要以高层级城市全面带动中国城市创新绩效的提升,将高层级城市打造成为区域创新体系、地方创新网络的增长极和辐射带动区域高质量发展的能量源。由于城市层级与创新绩效密切相关,城市层级越高人力资本越密集、服务业体系越完善,创新活动更频繁且更易于实现商业化,因此创新资源的配置应与城市层级相匹配,应进一步加大高层级城市的科技支出,充分发挥高层级城市在全球创新网络、国家创新体系中的核心枢纽作用。以战略性产业集群为依托,积极承接和汇聚国际科技创新中心的知识溢出、技术转化和产业转移,全面促进高层级城市知识、技术的吸收、溢出和转化,全面促进高层级城市新产品、新技术、新业态的转移扩散,形成完善的区域创新生态系统,辐射带动区域经济一体化发展。

　　(2)城市层级对创新绩效的促进作用存在区域异质性,东北地区城市层级的提升对创新绩效促进作用相较其他地区最大,其次为东部地区、西部地区和中部地区。创新型城市和非创新型城市层级的提升对城市创新绩效的影响均存在显著的促进作用,创新型城市的城市层级提升对创新绩效的促进作用大于非创新型城市。同时,基于微观样本数据的实证结果显示,城市层级的提升同样会促进城市上市公司专利授权数的增加。因此,要根据区域发展特色、科技资源禀赋、城市规模扩张及城市层级变化所受到的自然条件约束,因地制宜优化布局区域城市层级体系。围绕区域内科技战略力量的优势领域和优势产业,通过优先发展战略性新兴产业,打造重要创新空间、创新平台或创新载体等措施,破除行政体制束缚,整合区域内科技创新资源和力量,培育具有地方特色、优势明显的区域创新增长极，从而建设分工明确、功能互补、梯次联动的国际科技创新中心、综合性国家科学中心、区域科技创新中心等多层级国家-区域创新体系。

（3）城市层级与创新绩效之间存在着非线性关系，分别利用城市夜间灯光亮度值、地区生产总值和人口总数作为城市规模的代理变量进行门槛回归，结果显示夜间灯光亮度值和 GDP 具有单门槛特征，人口总数呈现出双门槛特征。这说明城市规模结构不合理，会造成创新绩效的损失。城市只有达到一定的规模，城市层级对于创新绩效的影响才更显著，城市才具有更好的创新辐射能力，区域创新中心需要有相应的城市经济实力予以支撑。因此，要着力推动大中小城市协调发展，促进大城市提升吸引、集聚和整合国内外科技创新资源的能力，朝着创新规模化发展；小城市充分发挥比较优势，朝着创新专业化方向发展，在大中小城市间形成具有合理地缘科技关系的城市产业分工体系。同时，也要看到人口规模虽然有利于城市层级对创新绩效发挥促进作用，然而盲目的大规模扩张人口反而会不利于城市层级对创新绩效影响效果的提升，应通过多中心组团式发展、产业结构升级、与中小城市分工合作等手段避免"大城市病"的不利影响。

（4）中国城市的创新空间结构与城市层级基本吻合，城市规模越大，所处等级越高，则所能够集聚的创新资源越多。按城市层级指标体系和创新集聚指标体系分别衡量城市层级和创新集聚，计量结果显示城市层级的提升能够显著提高创新集聚。基于因果关系检验发现，城市层级的变动是能够引起创新集聚变动的原因，虽然创新集聚对城市层级也有正向且显著的因果关系，但无论从经济学还是统计学的角度来说，该关系不具有实质性意义。由于城市等级与创新集聚密切相关，城市等级越高人力资本越密集、服务业体系越完善，创新活动更频繁且商业化易于实现，而城市层级的提升有助于创新集聚，创新集聚又有着规模效应，因此创新活动与城市等级相匹配，对于国家而言应当发挥高层级城市作用，促进要素在高层级城市的进一步投入。创新资源高度集聚的高层级城市应责无旁贷地承担创新活动的大部分责任，例如北京、上海等特大城市应更加关注基础科学研究、重大关键技术攻关。

（5）创新空间结构与城市层级的异质性体现为高层级城市创新资源更集中，从回归系数值大小来观察，城市层级对金融集聚的影响程度随分位点的右移基本呈现不断下降的规律，在 1%、5%、10%分位数回归的估计系数显著大于其他估计系数。城市规模对创新集聚的影响具有非线性特征，当城市规模到达一定临界点后，其对创新聚集的影响呈显著强化趋势，因此，若想成为创新中心，需要先提升城市层级。未来的中国创新驱动战略，应充分发挥不同层级城市在吸引创新资源中的作用，合理分工、优化布局。不仅要发挥城市的主动性，更应当考虑城市拥有创新资源的差异。根据城市层级与创新集聚关系可形成最优的配置结构，更好地推动中国向创新驱动转型。创新活动的空间集聚特征决定了创新(发明或根本性创新)仅发生在少数地区。中国优质科技资源高度集聚在少数城市如北京、上海等特大城市，创新发展条件较好，而且较大的城市规模为人力资本积累和变现提供了广阔的市场，同时，庞大的消费市场为新产品商业化奠定需求基础。因此，大城市必然成为中国创新的核心所在。

(6)城市层级、创新效率和城市建设用地面积对创新集聚具有正向双门槛效应，城市斑块密度对创新集聚具有负向单门槛效应。中国城市层级的提升，可以有效促进创新集聚，随着城市经济发展水平的提高，城市层级对于创新资源的集聚作用越来越明显。处于金字塔顶层的城市对于创新资源的虹吸效应更加明显，城市只有达到一定的规模层次才能具有广泛的创新辐射力，创新中心需要有相应的实体经济实力予以支撑。城市层级、创新效率和城市建设用地面积等主要核心解释变量对创新集聚的促进作用随着城市层级的提升而不断增强，具有一定的规模经济作用。因此，未来中国需进一步整合各类创新要素，提升科技大市场吸引、集聚和整合国内外科技创新资源的能力，以达到创新的规模效应。城市建设用地的提升与城市斑块密度的下降会促进创新集聚，因此要进一步拓展城市建设用地，让建设用地连接成片。建设用地面积提升与城市斑块密度降低对创新集聚有正向影响且对高层级城市影响更大，因此应当进一步转变土地职能，提升城市尤其是高层级城市建设用地面积。

第5章 高铁建设、城市形态与创新绩效

事实证明，交通基础设施的改善在理论和实践上都能重塑经济活动，促进区域创新。作为基础设施建设的大国，近年来中国的交通设施特别是高铁的建设取得了让全世界瞩目的成绩。自 2008 年首条高铁线路开通以来，中国铁路客运总量以每年 8.5% 的速度增长（世界银行，2019）。根据《中国交通可持续发展报告》，截至 2020 年，中国铁路营业里程达到 14.6 万公里，其中高速铁路 3.8 万公里（占比约为 26%）。高铁的建设对于沿线城市的外部技术溢出效应十分明显。新车站周围的城市综合发展给当地社区带来了高铁的经济效益。例如，Yang 等人（2021）指出，高铁极大地促进了中国的创新增长和创新融合，其效果值分别为 14.73% 和 5.91%。然而，现有的将交通基础设施与创新联系起来的研究几乎没有采取专利申请来衡量创新。此外，关于交通基础设施如何影响创新的研究考察了集聚经济、知识和信息流，但往往忽略了城市形态的作用。与以往的相关文献不同，本章用超级 SBM-DEA 模型衡量的创新效率来表示区域创新，并进一步关注城市形态所带来的异质性影响。

在 Jaffe 等（1993）和 Feldman（1999）的开创性工作的基础上，区域创新文献确定了一些可能通过影响知识外溢的本地化来增加一个地理区域的创新的因素。创新的测量和高铁对创新的影响机制是两个基本问题。现有文献大多使用申请或授予的专利数量（Wang, Cai, 2020）、研究论文发表（Dong, 等, 2020）、学者跨城市的合作以及个体创新者的行为（Catalini, 等, 2016）来识别创新。结果显示，高铁对申请或批准的专利数量有明显的积极影响。同时，高铁促进了论文发表和合著者的生产力，而更多高生产力的学者会迁移到高铁城市。关于影响机制，早期的可行性研究表明，高铁主要通过集聚经济促进创新活动。首先，高铁使人流、物流和信息流在更大范围内更快、更方便地流动。Agrawal 等（2017）利用规划的高速公路、铁路和勘探路线的历史数据发现，交通基础设施促进了当地的知识流动。Yang 等（2021）利用包括高铁在内的内生创新增长模型研究，结果显示人才、资本和技术等资源得到了更好的配置，生产和消费得到了更好的匹配，从而推动了创新增长和创新融合。第二，高铁提

高了区域间交通连接度,降低了面对面交流成本,从而促进区域创新。交通设施的建设能够缓解劳动力市场的分割,提高搜索和匹配的效率。相应地劳动力的工资也会受到影响(Hering,Poncet,2009)。创新者能够更好地掌握隐性知识。因此,他们发现与其他创新者合作的机会相对较多(Faber,2014)。

城市的地理特征往往会影响区域间技术转移与创新融合。这也是经济地理学的一个反映,即城市形态对互动学习和创新的影响。Curdes(1998)首先探讨了城市形态与创新之间的关系。城市形态显示出一种似乎在很大程度上独立于单一世代的目标和行动的特征,这也是空间上的重大变化的储备,是学习和创新活动的场所。城市形态也是创新地理、创意集聚、城市喧嚣和创新区的一个明显的建筑环境特征(Hamidi,Zandiatashbar,2018)。美国城市的证据显示,城市形态通过大都市的紧凑性对专利的平均数量、公司创新和创新小公司的数量产生了影响(Hamidi,等,2018)。此外,城市形态还影响其他创新活动,如知识密集型商业服务企业的协作联系(Herstad,Ebersberger,2014)、获取国际知识来源的能力(Simmie,2003)、城市活力和空间发展(He,等,2018)。

本章的核心命题在于研究高铁的建设如何影响城市的创新绩效,同时探寻城市形态的演化又在该影响中扮演什么样的角色。首先,拟用创新效率来测算创新,不仅考虑了将专利作为创新产出变量,同时体现了整个创新价值链流程里所包含的创新投入变量和创新环境变量,相对来说更能反映出整个创新价值链的流程。其次,在中介效应检验中引入城市形态,以探讨高铁对创新的影响在不同地理特征的城市中是如何变化的。具体而言,使用分形维度(FD)、最大斑块指数(LPI)和斑块密度(PD)来衡量城市形态。通过对上述三个指标的拆分,考察了每个指标对创新效率的各自影响。此外,在城市形态的分析框架下考虑交通设施建设的外生冲击。

5.1 数据及模型

5.1.1 回归模型

在以往研究交通基础设施与经济或创新间关系的文献里,往往需要处理两者间存在的潜在双向因果问题(Elburz,等,2017;Fan,Zhang,2021)。对于各地级市来说,是否开通高铁具有一定的外生性,这是因为高铁建设和选址主要是在国家发改委以及铁路总公司的综合规划下完成的,地级市政府的影响相对较小,这为考察高铁开通对区域创新的影响提供了一个较理想的"准自然实验"。故基于准自然实验的 DID 模型可以在很大程度上缓解内生性问题。目前部分学者基于空间权重矩阵采用空间 DID 方法来进行研究，但是空间权重矩阵本身具有的内生性往往会使回归结果出现偏误。Kelejian 和 Piras（2014）指出，空间加权矩阵在很多情况下外生性假设可能并不合理，而此时典型的模型规范和相应的评估程序将不再有效。Qu 和 Lee（2015）也指出，传统的估计方法依赖于空间权重矩阵是严格外生的关键假设，而这可能在一些由经济因素决定的空间权重的经验应用中被违反。因此，基于不同地级市的高铁开通的时间存在年度上的差异，采用时变 DID 方法来构建回归模型，同时控制年份固定效应和地级市的个体固定效应，如式(5-1)所示：

$$\mathrm{IP}_{it} = \beta_0 + \beta_1 \mathrm{HSR}_{it} + \gamma X_{it} + \phi_t + \mu_i + \varepsilon_{it} \tag{5-1}$$

其中下标 i 和 t 分别表示城市和年份；IP_{it} 是因变量，表示城市 i 在 t 年的创新绩效。HSR_{it} 表示城市 i 在 t 年是否开通高铁的虚拟变量。当城市 i 在 t 年开通高铁则 HSR_{it} 取值为 1，否则取 0。β_1 即为所重点关注的估计系数，表示高铁开通对区域创新的影响效应。X_{it} 是控制变量的集合，ϕ_t 和 μ_i 分别代表年份固定效应和城市固定效应，ε_{it} 是模型中的随机扰动项。

5.1.2 数据来源及描述性分析

本章使用的数据库为《中国高铁与航空数据库》《中国城市统计年鉴》和《中国统计年鉴》，其中包括城市高铁启动时间和用于计算创新绩效的指标。由于本研究的数据截止时间为 2016 年，因此将样本的截止时间设为 2016 年。控制变量如下：

（1）人均 GDP（G）：经济发展与创新之间的显著双边关系很早就得到了证明（Howells，2005）。具体而言，来自欧盟国家的证据表明，在体育产业中，创新绩效与人均 GDP 呈显著正相关（González-Serrano，等，2019）。因此，将其作为控制变量纳入回归分析。

（2）用电量（E）：用电量在一定程度上反映了一个国家或城市的工业发展（Yuan et al.，2007）。Tang 和 Tan（2013）调查了马来西亚能源政策的影响，结果表明电力消耗的减少通常与更多的创新活动有关。来自非洲的数据进一步证明了这一结论（Owoeye，等，2020）。

（3）开放程度（O）：Dotta 和 Munyo（2019）研究发现，旨在提高贸易开放程度的公共政策对一国创新水平具有正向影响。事实上，在新兴经济体中，贸易开放与创新之间的这种正相关关系更强。此外，Amin 等（2020）指出贸易开放与创新之间存在双向因果关系。

（4）绿化面积（*GA*）：学者们已经表明环境规制和环境保护会影响创新，包括技术创新、产品创新、制度创新和生态创新（Jaffe，Palmer，1997；Shao，等，2019）。本章引入表征城市环境保护程度的绿化面积，在回归模型中检验环境保护的影响。

（5）城镇化（*U*）：Chen 等（2020）基于中国 30 个地区/省份的面板数据发现，城镇化能够提升本地区的创新能力，而对周边地区则呈抑制状态。来自瑞典的早期证据也表明，高等教育投资提高了城市化水平，从而促进了当地的创新活动（Andersson，等，2009）。

（6）能源强度（EI）：能源强度与创新活动，尤其是绿色能源创新活动之间存在短期和长期的关系（Chakraborty，Mazzanti，2020）。这种情况在各国还不统一，所以能源强度在基准回归中被作为控制变量。

在实证分析中，对变量取自然对数，以减少样本数据的离散程度。行政区划发生变化的城市，以及在样本期内遗漏了重要变量的城市被排除。经过匹配，最终样本是一组 2006—2016 年中国 280 个城市的均衡面板数据。表 5-1 给出了变量的来源和定义，相应描述性统计结果如表 5-2 所示。

表 5-1　　　　　　　　　　　　　　　　变量说明

变量类型	名称	说明	数据来源
被解释变量	IE	创新绩效	《中国城市统计年鉴》《中国统计年鉴》
解释变量	HSR	城市是否开通高铁	《中国高铁和航空数据库》
控制变量	*G*	人均 GDP	《中国城市统计年鉴》
	E	用电量	
	O	国际贸易开放程度	
	U	城镇化程度	
	GA	绿化面积	
	EI	能源强度	

表 5-2　　　　　　　　　　　　　　　　描述性统计

变量	观测数	平均值	标准差	最小值	最大值
IE	3080	0.419	0.219	0.107	1.000
HSR	3080	0.242	0.428	0.000	1.000

续表

变量	观测数	平均值	标准差	最小值	最大值
LnG	3080	10.305	0.753	7.926	16.485
LnE	3080	3.685	1.178	−0.216	7.304
LnC	3080	10.305	0.753	7.926	16.485
LnO	3080	9.674	1.982	1.504	14.941
LnGA	3080	3.606	0.317	−1.022	5.957
LnU	3080	1.612	1.135	−3.912	4.577
LnEI	3080	4.609	1.177	0.711	8.232

5.1.3 被解释变量：创新绩效

目前创新绩效的评价方法主要以随机前沿生产函数分析法（SFA）和数据包络分析（DEA）为主。SFA 是一种基于随机前沿生产函数的绩效估计参数方法（Aigner，等，1977；Meeusen，Broeck，1977；Battese，Corra，1977）。相较于 SFA 诸多限制条件，DEA 方法不需要对投入产出生产函数进行估计，不受指标数据量纲影响，可以直接使用数据进行计算，对于多投入多产出的复杂活动具有很强的适应性。但传统 DEA 模型很少，同时考虑非期望产出因素和"松弛"要素对创新绩效的影响，这会造成绩效被高估的情况，并且无法进一步区分绩效值为 1 的有效决策单元。为弥补此缺点，在 Tone(2002) 的基础上，借鉴 Wang 等(2019) 和 Fan 等(2020)对于绩效的估算方法，将非期望产出和要素"松弛"情况引入传统 DEA 模型，通过构建基于 SBM 的 Super SBM-DEA 模型来对创新绩效进行测算，具体表达式如式(5-2)所示：

$$\rho^* = \min\rho = \min \frac{1 - \left(\dfrac{1}{N}\sum_{n-1}^{N}\dfrac{S_n^x}{x_n^k}\right)}{1 + \left[\dfrac{1}{M+I}\left(\sum_{m=1}^{M}\dfrac{S_m^y}{y_m^k}\right) + \sum_{i+1}^{I}b_i^k\right]}\sum_{k=1}^{K}z_k^y y_m^k s_m^y y_m^k$$

$$(5\text{-}2)$$

$$\text{constraint condition}\begin{cases} \sum_{k=1}^{K}z_k^b b_i^k + s_i^b = b_i^k, \ i = 1, 2, \cdots, I \\ \sum_{k=1}^{K}z_k^x x_n^k + s_n^x = x_n^k, \ n = 1, 2, \cdots, N \end{cases}$$

其中 ρ 是将要计算的绩效值。松弛要素为 s_m^y、s_i^b 和 s_n^x，y_m^k、b_i^k 和 x_n^k 分别是 t' 周期内 k' 生产单元的投入和产出值。当 $\rho \geq 1$ 时，生产单元是完全有效的。当 $0 \leq \rho < 1$ 时，ρ 随着 s_m^y、s_i^b 和 s_n^x 严格单调递减。此时，生产单元存在绩效损失，可以通过优化输入量、期望输出和非期望输出来改善。N、M 和 I 分别代表输入量、期望输出和非期望输出，其中输入和输出的权重分别由 z_k^y 和 z_k^x 决定。在参考已有文献的基础上（Wang，等，2019），本章选取的创新投入变量包括 R&D 经费支出、R&D 从业人员数和新产品开发经费；创新产出变量包括技术市场成交额、新产品的销售收入、新产品出口额和科技论文数；环境变量包括政府支持力度、信息化水平、市场化水平和地方财政科技支出。以上数据来源于《中国城市统计年鉴》和《中国统计年鉴》。

另外在稳健性检验中，考虑使用专利授权数来衡量创新。已有文献指出专利可以直接地体现科技创新的知识成果（Wang，Cai，2020）。其次，知识溢出是交通设施建设促进创新的重要表现。本章分别使用全要素生产率（TFP）与科学研究从业人员数作为知识溢出的代理变量进行回归。其中，科学研究从业人员数能够有效体现城市的人力资本水平，而 TFP 增长率常常被视为科技进步的指标。从国家知识产权局网站数据库系统检索获取了 2006—2016 年全国 280 个地级市的专利授权数，并通过《中国城市统计年鉴》和《中国统计年鉴》计算出城市全要素生产率与科学研究从业人员数。

5.1.4 中介变量：城市形态

城市形态可以定义为人类活动在一定时间点的空间格局（Anderson，等，1996）。从广义上讲，它可分为密度、多样性和空间结构格局三大类大都市区域的空间结构。城市形态与城市蔓延的相关研究也密切相关。城市蔓延是一个代表某些类型城市形式的术语，通常被定义为低密度、跨越式、商业带状发展和不连续（Ewing，等，1997）。Tsai（2005）首次根据 4 个定量变量来研究了城市形态，分别为城市规模、活动强度、活动均匀分布程度和高密度区域集聚程度。本章借鉴 Wang，等（2019），选择了分形维数（FD）、最大斑块指数（LPI）和斑块密度（PD）三个指数来衡量城市形态。

首先，从耗散结构理论观点分析，当城市处于发展时期，人类活动的有序状态和无序状态同时并存。在发展时期，无序状态占主导单位，随着城市人口、面积的不断增加，城市结构变得越来越复杂，城市外部形态的分维数将随之增大。不同的城市空间形态会导致开发绩效的巨大差异（Reis，等，2016）。因此，本章采用分形维数（FD）来测度城市群的形状特征，计算方法为：FD =

$\ln a/2\ln(0.25p)$，其中 a 是城市土地的总面积，P 是城市土地的总边长。分形维数是城市土地形状复杂性的指标。当城市发展趋于成熟时，城市逐渐由无序走向有序，这时随着城市规模的不断扩大，城市结构趋于合理，城市外部形态的分维数将趋于稳定（Chen，2011）。其次，城市群的要素特征构成了城市群规模绩效的基础（Pham，等，2011）。最大斑块指数（LPI）是目前测度城市群的要素特征的主流方法。最大斑块指数是城市最大土地斑块大小的百分比。它是由最大的城市土地斑块面积与所有城市土地面积的比值来计算的，计算方法为：$LPI = \max a_i/a$，其中 a_i 是最大城市土地板块 i 的面积，a 是城市土地的总面积。最大斑块指数的增加表明新开发主要集中在核心城市（Zelenyuk，等，2015）。最后，利用斑块密度（PD）来测度城市群的结构特征。不适合开发和居住的城市空间的存在，导致了城市形态的结构差异。斑块密度的变化率是对城市区域发展程度的估计，无论是连续的还是分散的。斑块密度的计算公式为：$PD = i/a$，其中 i 代表城市板块个数，a 是城市土地的总面积。斑块密度的增加表明新的开发更加分散，导致更高的碎片化和更高的城市蔓延风险（Schneider，Woodcock，2008）。在测算城市形态时，本章的数据来源是《中国城市统计年鉴》和《中国城市建设统计年鉴》。各城市的城市土地地图和城市土地面积测算利用 ArcGIS 10.2 完成，土地空间形态类指标利用 R 语言数据包 SDMTools 分析获得。

5.2 实证结果

5.2.1 平行趋势检验

本章使用双重差分模型对 HSR 是否影响创新绩效进行评估，而双重差分法假定控制组为实验组的反事实，因此其需满足的一个重要前提就是平行趋势，即控制组和实验组两组样本在政策实施之前必须具有可比性。因此在基准回归分析之前，借鉴 Alder（2013）的做法，分别加入高铁开通前和高铁开通后时间虚拟变量与处理组的交互项，以此来检验平行趋势假设，同时分析高铁开通对创新绩效影响的动态演变特征。本章将平行趋势检验方程设定如下：

$$IP_{it} = \beta_0 + \beta_1 HSR\text{-}3_{it} + \beta_2 HSR\text{-}2_{it} + \beta_3 HSR\text{-}1_{it} + \beta_4 HSR^+1_{it} + \\ \beta_5 HSR^+2_{it} + \beta_6 HSR^+3_{it} + \gamma X_{it} + \phi_t + \mu_i + \varepsilon_{it} \tag{5-3}$$

其中 $HSR\text{-}3_{it}$，$HSR\text{-}2_{it}$ 和 $HSR\text{-}1_{it}$ 分别表示将城市 i 的高铁开通时间提前 3 年、2

年和 1 年的虚拟变量，而 HSR^+1_{it}，HSR^+2_{it} 和 HSR^+3_{it} 分别表示将城市 i 的高铁开通时间延后 1 年、2 年和 3 年的虚拟变量。如果平行趋势得到满足，且高铁开通确实提高了城市创新绩效，预期 $HSR\text{-}3_{it}$，$HSR\text{-}2_{it}$ 和 $HSR\text{-}1_{it}$ 的系数估计值不显著或显著为负，而 HSR^+1_{it}，HSR^+2_{it} 和 HSR^+3_{it} 的系数估计值则显著为正。相应结果报告在表 5-3 中。回归结果满足平行趋势假定，且随着时间的推移，高铁开通对创新绩效的促进作用仍然明显，表现出长期的促进效应。

表 5-3 　　　　　　　　　　　平行趋势检验结果

变量	(1)	(2)	(3)	(4)	(5)	(6)
HSR-3	0.018 (0.014)					
HSR-2		0.017 (0.015)				
HSR-1			0.011 (0.010)			
HSR^+1				0.025 *** (0.007)		
HSR^+2					0.035 *** (0.007)	
HSR^+3						0.028 *** (0.008)
控制变量	Yes	Yes	Yes	Yes	Yes	Yes
Cons	0.520 *** (0.115)	0.519 *** (0.115)	0.507 *** (0.115)	0.511 *** (0.085)	0.508 *** (0.085)	0.511 *** (0.085)
时间固定效应	Yes	Yes	Yes	Yes	Yes	Yes
城市固定效应	Yes	Yes	Yes	Yes	Yes	Yes
观测数	3080	3080	3080	3080	3080	3080

注：(1) 系数下面括号内的值为标准误差。(2) ***、**、* 分别表示在 1%、5%、10% 的水平下显著。

5.2.2 基准回归结果

在回归中将控制变量逐个加入，重点关注 HSR 对创新绩效影响的显著性以及大小差异。将年份固定效应与城市固定效应纳入回归。年份固定效应控制了城市创新绩效逐年提升的变化趋势，城市固定效应排除了开通高铁的城市本身具有较高的创新水平对结果的影响。在表 5-4 列（1）至列（6）中，HSR 的估计系数都在 1% 水平上显著为正，表明高铁开通显著提升了城市的创新绩效，该结果也与预期相符。在列（7）中加入所有控制变量，结果仍然表明 HSR 促进了城市创新绩效的提升。高铁开通后，沿线城市间的创新绩效提高了 2.3%，这与 Dong，等（2020）的研究结果一致。从新经济地理学的角度来理解，地区间工资和要素价格差异受到贸易成本影响，贸易成本下降将引发经济要素区域转移从而带来区域空间结构的收敛或发散（Fujita，等，2001）。因此，HSR 区域创新的正向影响主要来自 HSR 对创新要素的空间优化配置。从控制变量的系数来看，也发现了用电量与创新活动之间的负相关关系，这也与 Tang 和 Tan（2013）以及 Owoeye 等（2020）的研究结果相一致。另外对外开放与创新绩效之间也存在 10% 水平的正相关关系。这说明随着城市对外开放度的上升，创新要素的区域间或国家间流动更加顺畅，进而提高了创新绩效。

表 5-4　　　　　　　　　　　　基准回归结果

变量	（1）	（2）	（3）	（4）	（5）	（6）	（7）
HSR	0.024 ***	0.023 ***	0.023 ***	0.023 ***	0.023 ***	0.024 ***	0.023 ***
	（0.006）	（0.006）	（0.006）	（0.006）	（0.006）	（0.006）	（0.006）
LnG		−0.006	−0.006	−0.005	−0.005	−0.005	−0.006
		（0.007）	（0.007）	（0.008）	（0.008）	（0.008）	（0.008）
LnE		−0.001	−0.001	−0.002	−0.001	−0.058 ***
		（0.007）	（0.007）	（0.007）	（0.007）	（0.018）
LnO				0.004 *	0.004 *	0.004 *	0.004 *
				（0.002）	（0.002）	（0.002）	（0.002）
LnGA					0.006	0.006	0.006
					（0.007）	（0.007）	（0.007）
LnU						0.003	0.003
						（0.005）	（0.005）
LnEI							0.062 ***
							（0.018）

续表

变量	(1)	(2)	(3)	(4)	(5)	(6)	(7)
Cons	0.509***	0.571***	0.573***	0.600***	0.580***	0.574***	0.509***
	(0.006)	(0.076)	(0.077)	(0.079)	(0.083)	(0.084)	(0.085)
年份固定效应	Yes	Yes	Yes	Yes	Yes	Yes	Yes
城市固定效应	Yes	Yes	Yes	Yes	Yes	Yes	Yes
观测数	3080	3080	3080	3080	3080	3080	3080

注：(1)系数下面括号内的值为标准误差。(2)***、**、* 分别表示在1%、5%、10%的水平下显著。

5.2.3　稳健性检验

（1）基于不同创新衡量方式的稳健性检验

表5-5列(1)至列(6)分别展示了专利授权数、全要素生产率和科学研究从业人员数作为因变量时的回归结果。其中，列(1)、(3)和(5)没有纳入控制变量，列(2)、(4)和(6)纳入了控制变量。根据回归结果，HSR 显著提高了城市的专利授权数、全要素生产率水平与人力资本积累。这说明知识溢出是 HSR 提高区域创新的重要表现。具体地，HSR 加快了高素质人才等创新要素在区域之间的流动，促进了知识和技术要素的传播和交流，增进了地区之间的相互学习，从而引发知识溢出。高铁开通所带来的知识溢出，进一步加剧了各创新主体之间的竞争趋势，从而也成为影响区域创新活动的重要因素。高铁开通所带来的创新要素流动能够进一步为区域创新主体之间的交流提供渠道和载体，这在引发知识溢出的同时，也产生了"交流效应"或"学习效应"，这有利于提高科技创新成功的可能。

表 5-5　　　　　　基于不同创新衡量方式的稳健性检验结果

变量	专利授权数		全要素生产率		科学研究从业人员数	
	(1)	(2)	(3)	(4)	(5)	(6)
HSR	1.561***	0.547***	0.037***	0.013**	3.203***	1.960***
	(0.046)	(0.033)	(0.005)	(0.006)	(0.146)	(0.158)

续表

变量	专利授权数		全要素生产率		科学研究从业人员数	
	（1）	（2）	（3）	（4）	（5）	（6）
Cons	6.353 ***	−9.283 ***	−0.058 ***	−0.4639 ***	−0.633 ***	−17.862 ***
	(0.019)	(0.282)	(0.002)	(0.051)	(0.060)	(1.330)
控制变量	No	Yes	No	Yes	No	Yes
年份固定效应	Yes	Yes	Yes	Yes	Yes	Yes
城市固定效应	Yes	Yes	Yes	Yes	Yes	Yes
观测数	3080	3080	3080	3080	3080	3080

注：（1）系数下面括号内的值为标准误差。（2）***、**、*分别表示在1%、5%、10%的水平下显著。

（2）基于不同回归方法的稳健性检验

为了检验回归模型的准确性，分别引入 OLS 方法、不含年份固定效应的面板模型和高维固定效应模型来进行回归分析。其中，OLS 回归能够检验 HSR 对创新绩效的正向影响在截面数据中是否也成立；不含年份固定效应的面板模型包含了随时间变化的影响因素；高维固定效应模型能够在一定程度上提高估计效果。估计结果如表 5-6 所示。类似地，列（1）、（3）和（5）没有纳入控制变量，列（2）、（4）和（6）纳入了控制变量。结果表明在不同估计方法下，HSR 仍与创新绩效存在显著的正相关关系，这也与基准回归结果保持一致。

表 5-6 　　　　　　　　　　　基于不同回归方法的稳健性检验结果

变量	OLS		不含年份固定效应		高维固定效应	
	（1）	（2）	（3）	（4）	（5）	（6）
HSR	0.073 ***	0.025 ***	0.039 ***	0.055 ***	0.024 ***	0.022 ***
	(0.009)	(0.009)	(0.006)	(0.006)	(0.006)	(0.006)
Cons	0.401 ***	−0.002	0.035 ***	0.709 ***	0.413 ***	0.419 ***
	(0.004)	(0.070)	(0.006)	(0.056)	(0.002)	(0.092)
控制变量	No	Yes	No	Yes	No	Yes
年份固定效应	Yes	Yes	No	No	Yes	Yes

变量	OLS		不含年份固定效应		高维固定效应	
	(1)	(2)	(3)	(4)	(5)	(6)
城市固定效应	Yes	Yes	Yes	Yes	Yes	Yes
观测数	3080	3080	3080	3080	3080	3080

注：(1)系数下面括号内的值为标准误差。(2) ***、**、* 分别表示在 1%、5%、10% 的水平下显著。

5.2.4　中介效应检验

中介效应分析是检验某一变量是否成为中介变量，发挥何种程度中介作用的重要步骤。目前逐步回归法，是检验中介效应最常用的方法。虽然逐步检验的检验力在各种方法中是最低的（Fritz，MacKinnon，2007；Hayes，2009；MacKinnon，等，2002），即当中介效应较弱的时候，逐步检验回归系数的方法很难检验出中介效应显著，但温忠麟等（2014）提出如果研究者用依次检验已经得到显著的结果，检验力低的问题就不再是问题。另外，虽然 Sobel 法和 Bootstrap 法的检验力高于依次检验回归系数法（MacKinnon，等，2002），即 Sobel 可以检验出比前者更多的中介效应，但在回归结果都显著时，逐步回归法的可信度要强于 Sobel 法和 Bootstrap 法。故采用逐步回归法来检验城市形态（UF）是不是 HSR 促进创新绩效的中介变量。在基准回归方程的基础上，建立了中介效应回归方程，如下所示：

$$\text{IP}_{it} = \beta_0 + \beta_1 \text{HSR}_{it} + \gamma X_{it} + \phi_t + \mu_i + \varepsilon_{it} \tag{5-4}$$

$$\text{UF}_{it} = \beta_0' + \beta_1' \text{HSR}_{it} + \gamma' X_{it} + \phi_t' + \mu_i' + \varepsilon_{it}' \tag{5-5}$$

$$\text{IP}_{it} = \beta_0'' + \beta_1'' \text{HSR}_{it} + \beta_2'' \text{UF}_{it} + \gamma''_{Xit} + \phi_t'' + \mu_i'' + \varepsilon_{it}'' \tag{5-6}$$

其中，式(5-4)的系数 β_1 为自变量 HSR 对因变量 IP 的总效应；式(5-5)的系数 β_1' 为自变量 HSR 对中介变量城市形态的效应；式(5-6)的系数 β_2'' 是在控制了自变量 HSR 的影响后，中介变量城市形态对因变量创新绩效的效应；β_1'' 是在控制了中介变量城市形态的影响后，自变量 HSR 对因变量创新绩效的直接效应。根据系数的回归结果可以计算出中介效应的大小，其等于间接效应（MacKinnon，等，1995）。

在表 5-7 的列(1)至列(3)中，用分形维数作为城市形态指数代入式(5-4)、(5-5)和(5-6)进行回归。在列(1)中，检验了式(5-4)的回归系数 β_1，结果发现 HSR 与创新绩效显著相关。在列(2)中，依次检验了式(5-5)的系数 β_1' 和式(5-6)的系数 β_2''，结果表明两个系数都显著，这说明了间接效应显著，则不需要进行 Bootstrap 检验。在列(3)中，检验了式(5-6)的系数 β_1''，结果是显著的，因此直接效应显著。通过计算得知，分形维数的中介效应占总效应的比例约为34.8%。类似地，在表 5-7 列(4)至列(6)和列(7)至列(9)，分别检验了最大斑块指数和斑块密度的中介效应大小，均约为17.4%。因此，城市形态对于 HSR 影响创新绩效具有显著的中介效应，且不同城市形态指数的效应大小存在区别。实际上，空间聚集是 HSR 引致城市形态变化的一个重要体现。更密集和更紧凑的城市形态为区域目的地、产业和固定机构提供了更高的可达性，这是区域创新产生的主要引擎(Hamidi，Zandiatashbar，2018)。具体地，城市形态的中介效应主要体现在两个方面：一方面，区域贸易条件的变化而造成科技人员在区域之间的流动，从而通过产业的前向或者后向联系产生区域之间的相互影响；另一方面是空间的外部性而产生的创新溢出和空间反馈效应。这也与稳健性检验中所验证的知识溢出途径相符。

表 5-7　　　　　　　　　　　中介效应检验结果

变量	FD			LPI			PD		
	(1)	(2)	(3)	(4)	(5)	(6)	(7)	(8)	(9)
HSR	0.023 ***		0.016 ***	0.024 ***		0.019 ***	0.024 ***		0.019 ***
	(0.007)		(0.007)	(0.007)		(0.008)	(0.008)		(0.008)
UF		−0.009 ***	−0.994 ***		0.008 ***	0.474 ***		−0.007 ***	−0.559 ***
		(0.000)	(0.128)		(0.002)	(0.068)		(0.001)	(0.117)
Cons	0.510 ***	1.645 ***	2.143 ***	0.510 ***	0.336 ***	0.352 ***	0.509 ***	0.083 ***	0.556 ***
	(0.004)	(0.013)	(0.224)	(0.087)	(0.025)	(0.088)	(0.087)	(0.015)	(0.086)
控制变量	Yes	Yes	Yes	Yes	Yes	Yes	Yes	Yes	Yes
年份固定效应	Yes	Yes	Yes	Yes	Yes	Yes	Yes	Yes	Yes
城市固定效应	Yes	Yes	Yes	Yes	Yes	Yes	Yes	Yes	Yes
观测数	3080	3080	3080	3080	3080	3080	3080	3080	3080

注：(1)系数下面括号内的值为标准误差。(2) ***、**、* 分别表示在1%、5%、10%的水平下显著。

5.3　本章小结

本章采用 2006—2016 年中国 280 个城市的面板数据，通过引入 time-varying DID 方法，实证检验了 HSR 对创新绩效的影响，并进一步检验了城市形态这一地理特征在其中的中介效应，主要得出了以下结论：

(1) 在基本回归之前，首先进行了平行趋势检验，结果表明处理组和控制组在政策实施之前具有相同的发展趋势，从而保证了 DID 方法的科学性与准确性。在基准回归中，本章使用了包含年份固定效应与城市固定效应的 time-varying DID 模型，结果发现高铁开通显著提升了城市的创新效率。因此应充分认识到高铁对区域创新活动的提升作用，因地制宜地推动高铁建设，努力加快高铁建设与本地区经济社会发展环境的深度融合。积极推进城市高铁建设，提升路网密度，从而发挥高铁建设在科技创新体系和创新网络中的积极作用。特别是目前高铁建设相对落后、路网密度较低的城市应该重视本地区高铁的规划与建设。但高铁开通可能会提高其优质资源流失的风险，因此这些地区要不断提高自身综合优势，营造更加良好的创新环境，提高要素报酬，以此吸引更加优质的创新要素进入。

(2) 本章分别基于不同创新衡量方式和不同回归方法进行了稳健性检验。结果表明高铁开通与创新之间存在显著的正相关关系，同时我们验证发现了知识溢出是高铁开通促进创新的一个重要渠道。分别引入 OLS 方法、不含年份固定效应的面板模型和高维固定效应模型的分析结果，也与基准回归结果保持一致，这进一步验证了研究结果的稳健性与准确性。这说明 HSR 不仅能提高区域创新效率，也能实现例如专利等创新成果的出现，以及创新人才的区域间流动与科研水平的提升。因此，要强化高铁沿线城市间的分工合作与协同联动，实施差异化的区域创新发展策略。高铁网络下优化创新资源配置要重视创新活动的内在组织规律，因地制宜优化学科和研发空间布局，以避免创新资源空间错配。对于具有较强创新能力的大型城市，要充分利用高铁对高技术人才和创新资本的集聚作用，集中创新资源强化基础研究和原始创新，使其成为创新的动力源和溢出源；对于创新能力较弱、创新环境有待提高的沿线中小城市，应重点考虑如何借助高铁增强与中心城市联动发展，在技术转化和产业化方面集聚创新资源，形成区域创新空间梯度。

(3) 在以往研究 HSR 影响创新的文献中，城市的地理特征鲜有被考虑进去，故本章重点考察了以城市形态衡量的地理特征的中介效应。研究结果表明，城市形态对于 HSR 影响创新效率具有显著的中介效应，其中 FD 的中介效应占总效应的比例约为 34.8%，LPI 和 PD 则约占 34.8%，因此在设计高铁线路空间布局时要充分考虑不同城市的城市形态的差异性。由于前期规划影响，很多城市的高铁站点远离城市中心，由此导致内外交通转换不畅，极大制约了高铁正向效应的发挥。因此，在强调融入全国高铁网络的同时，要更加重视与跨区域高铁连接和转换的城市内部交通质量，强化内外交通的互联互通。加强城市重点交通枢纽和城市功能的有机结合，实施高铁站场及毗邻地区土地综合开发利用，降低高铁与城市交通换乘的时间和空间成本，加速创新要素集聚与扩散。从高铁加速人力资本迁移的角度看，具有人才吸引力的高铁沿线城市将获得更大发展机会。因此，要在高铁网络下提升对接高铁的城市公共服务质量和可及性，在此基础上着力打造多样化、包容性的城市生活环境，以更宜居、宜业的地方品质和发展环境吸引多样化高技术人才向本地转移，促进本地知识溢出，提高城市创新活力。

第6章 环境约束下区域创新绩效的
空间溢出效应研究

　　伴随着知识经济发展和科技全球化的到来，国家创新能力对实现社会经济发展目标将起到关键性的作用，创新已经成为衡量一个国家核心竞争力的关键因素(李涛，2014)。作为创新活动物质基础的科技资源通常被称为"第一资源"，其是指为了实现科学技术的不断进步而进行的人力、财力、物力、信息等科技要素投入的总和(师萍，2000)。Nelson(1986)最早对各国的科技资源配置方式、科技政策内涵等进行比较。一些学者认为科技政策与制度对技术演化的作用是科技资源配置路径选择的关键影响因素，随着科技资源配置复杂性的增加，科技政策应根据科技环境的变化及时调整(Marxt，2013；Ghazinoory，2014)。但是基于宏观层面的研究很难从深层次把握区域科技资源配置的基本规律与运行机制，也难以揭示区域间科技资源配置的互动作用。

　　关于区域科技资源配置的研究，主要强调科技资源配置的空间差异以及科技资源配置与区域发展之间的关系(Hu，2014)、科技资源配置对于区域经济发展与区域创新能力的作用(Cusmano，2014；Chaminade，2015)。在定量研究方面大都采用了数理分析、统计分析、计量分析等多种方法评价创新绩效及其影响因素(连燕华，等，2002；范柏乃，等，2004；许治，师萍，2005；管燕，等，2011；范斐，等，2012；黄海霞，张治河，2015)。虽然这些研究在相当长时期内，对于单纯地追求科技资源产出数量、秉持粗放型创新道路、忽视生态平衡的自然法则与经济可持续发展的区域科技资源配置目标进行了合理的解释，但是这些研究基本上都忽略了区域创新绩效的环境约束效应。近年来，随着人们环保意识的不断增加，绿色创新逐渐引起了学者们的关注，该理论肇始于"波特假说"。Porter 等(1995)从动态的角度考察政府的环境管制政策，认为环境管制政策产生创新补偿效应，提高产业的国际竞争力。Brunnermeier 等(2003)运用计量经济学模型分析影响环境创新的因素，研究发现增加污染治理支出会影响绿色创新，Chiou 等(2011)利用 SEM 模型实证研究绿色创新环境绩效问题，认为绿色创新对环境绩效和企业竞争优势有显著促进作用。国内的一些学者基于绿色增长的视角，从创新活动产出以及环境污染等方面表征绿色创新产出（张江雪，朱磊，2012），对创新效率进行估算，验证环境规制强度是推动创新效率的有利因素（韩晶，等，2013）。

可见，国内外学者对绿色创新的研究，主要是从企业或行业层面研究环境规制与科技创新的关系，而对基于区域视角的绿色创新，特别是对于区域绿色创新绩效研究较少。另一方面，目前对创新绩效、能力影响因素的测度大都忽略了空间效应，从而导致对创新绩效的影响因素分析结果和推论不够科学、完整，缺乏应有的解释力。有鉴于此，本研究结合传统效率和生产率分析理论的最新进展情况，尝试将环境因素引入传统的创新绩效分析框架，对创新绩效测度融入不可忽略的自然环境因素，体现了可持续发展视角下的绿色创新理念。并沿袭绿色 GDP 视角，测度分析中国 31 个省级区域创新绩效的时空分异与空间溢出效应，以生态经济学的理念和方法综合考察科技资源配置过程本身及其与生态环境的相互关系，从而将有助于合理配置区域科技资源，盘活科技资源存量，实现国民经济的创新驱动和转型发展；有助于改善科技资源的高消耗与环境的高污染状况，加快形成科技资源集约利用与生态环境保护相协调的体制机制，为努力建设"创新中国"与"美丽中国"，实现中华民族的永续发展提供科学依据和技术支撑。

6.1 研究方法与数据来源

鉴于目前研究较少将如污染等环境因素考虑到创新绩效评价中，本章将考虑"非期望"产出的 SBM 模型应用到创新绩效评价中，该模型可以剔除一般径向 DEA 模型存在的松弛性问题及所引起的非效率因素，解决了非期望产出存在下的科技资源配置相对效率评价问题。与此同时，随着中国创新驱动政策的深度推进和区域改革开放程度的不断扩大，省级区域间科技资源要素的空间流动性越来越强，空间溢出效应在创新绩效影响因素的研究中的重要性日益突出，本章将针对这一现象，采用空间 Durbin 计量模型研究中国省级区域创新绩效的空间溢出效应。

6.1.1 非期望产出的 SBM 模型

为了克服径向 DEA 模型不考虑投入产出的松弛性问题，以及解决科技资源配置过程中所包含的非期望产出问题，本研究在 Tone（2001，2003）提出的非径向、非角度基于松弛的 SBM 模型和考虑非期望产出的 SBM 模型的基础上，构建如下在固定规模报酬下考虑非期望产出的 SBM 模型，测度中国省际区域创新绩效。

$$\rho = \min \frac{1 - \dfrac{1}{N} \sum_{n=1}^{N} s_n^x / x_{k'n}^{t'}}{1 + \dfrac{1}{M+I} \left(\sum_{m=1}^{M} s_m^y / y_{k'n}^{t'} + \sum_{i=1}^{I} s_i^b / b_{k'i}^{t'} \right)}$$

$$\text{s. t.} \quad \sum_{t=1}^{T} \sum_{k=1}^{K} z_k^t x_{kn}^t + s_n^x = x_{k'n}^{t'}, \ n = 1, 2, \cdots, N$$

$$\sum_{t=1}^{T} \sum_{k=1}^{K} z_k^t y_{km}^t - s_m^y = y_{k'm}^{t'}, \ m = 1, 2, \cdots, M \qquad (6\text{-}1)$$

$$\sum_{t=1}^{T} \sum_{k=1}^{K} z_k^t b_{ki}^t + s_i^b = b_{k'i}^{t'}, \ i = 1, 2, \cdots, I$$

$$z_k^t \geqslant 0, \ s_n^x \geqslant 0, \ s_m^y \geqslant 0, \ s_i^b \geqslant 0, \ k = 1, 2, \cdots, K$$

式中，ρ 为创新绩效值，N、M、I 分别为投入、期望产出、非期望产出个数，(s_n^x, s_m^y, s_i^b) 表示投入产出的松弛向量，$(x_{k'n}^{t'}, y_{k'm}^{t'}, b_{k'i}^{t'})$ 是第 k' 个地区在 t' 时期的投入产出值，z_k^t 表示决策单元的权重。目标函数 ρ 关于 s_n^x、s_m^y、s_i^b 严格单调递减，且 $0 < \rho \leqslant 1$；当 $\rho = 1$ 时，创新绩效完全有效；当 $\rho < 1$ 时，创新绩效存在损失，可以通过优化投入量、期望产出及非期望产出量来改善创新绩效。

6.1.2　空间 Durbin 计量模型

空间计量经济学理论认为空间相关性表现出的空间效应可以用两类基础模型，即空间滞后模型和空间误差模型来表征和刻画(何兴强，王利霞，2008)。空间 Durbin 计量模型不仅考虑因变量的空间相关性，还考虑自变量的空间相关性，因变量不仅受到本地区自变量的影响，还受到其他地区滞后自变量及滞后因变量的影响。为了检验中国各地区创新绩效的空间溢出效应，将采用的空间 Durbin 计量模型表达式为：

$$Y = \rho WY + X\beta + WX\theta + \varepsilon \qquad (6\text{-}2)$$

式中，Y 为创新绩效，W 为空间权重矩阵，X 为创新绩效的影响因素，WX 为创新绩效的影响因素滞后项，ε 是随机扰动项。LeSage 等(2009)以偏导矩的方式给出了空间 Durbin 计量模型的参数释义，提出了总效应、直接效应、间接效应等概念。总效应表示解释变量 X 对所有省级区域造成的平均影响，等于直接溢出和间接溢出之和，直接效应表示解释变量 X 对本区域创新绩效 Y 造成的平均影响，间接效应表示 X 对其他省级区域创新绩效 Y 造成的平均影响。将式 (6-2)改写成以下形式：

$$(I_n - \rho W) Y = X\beta + WX\theta + \varepsilon \tag{6-3}$$

对式(6-3)两边同乘以 $(I_n - \rho W)^{-1}$，并展开记为：

$$Y = \sum_{r=1}^{k} S_r(W) x_r + V(W)\varepsilon \tag{6-4}$$

式中，$S_r(W) = V(W)(I_n\beta_r + W\theta_r)$，$V(W) = (I_n - \rho W)^{-1}$，展开式(6-4)，得：

$$\begin{pmatrix} Y_1 \\ Y_2 \\ \vdots \\ Y_n \end{pmatrix} = \sum_{r=1}^{k} \begin{pmatrix} S_r(W)_{11} & S_r(W)_{12} & \cdots & S_r(W)_{1n} \\ S_r(W)_{21} & S_r(W)_{22} & \cdots & S_r(W)_{2n} \\ \vdots & \vdots & \vdots & \vdots \\ S_r(W)_{n1} & S_r(W)_{n2} & \cdots & S_r(W)_{nn} \end{pmatrix} \begin{pmatrix} x_{1r} \\ x_{2r} \\ \vdots \\ x_{nr} \end{pmatrix} + V(W)\varepsilon \tag{6-5}$$

$$\overline{M}(r)_{总效应} = n^{-1} l_n^{-1} S_r(W) l_n \tag{6-6}$$

$$\overline{M}(r)_{直接效应} = n^{-1} tr(S_r(W)) \tag{6-7}$$

$$\overline{M}(r)_{间接效应} = \overline{M}(r)_{总效应} - \overline{M}(r)_{直接效应} \tag{6-8}$$

式中，$\overline{M}(r)_{总效应}$，$\overline{M}(r)_{直接效应}$，$\overline{M}(r)_{间接效应}$ 分别为总效应、直接效应和间接效应，$l_n = (1 \quad \cdots \quad 1)^T_{1 \times n}$。

6.1.3　指标选取与数据来源

绿色科技资源效率是指区域科技资源效率的绿色化程度，是对综合考虑环境污染和能源消耗后的区域创新发展质量的测度，是区域创新质量的绿色指数(韩晶，2012)。本章主要从输入与输出的角度出发来考虑创新绩效。在科技资源输入方面，由于区域科技资源配置能力主要是体现在其对科技人力资源、科技财力资源、科技物力资源、科技信息资源等要素的配置上，且这四种要素在科技资源配置中具有不同的作用，因此本章把其都作为科技资源配置研究的对象。本章用 R&D 人员全时当量这一反映区域人才吸引能力的指标表征科技人力资源；用 R&D 经费内部支出这一反映区域对科技活动的支持程度与衡量区域科技能力的重要标准表征科技财力资源；用区域为开展科技活动而进行的固定资产投资这一指标体现区域科技物力资源要素的丰裕程度；用国际互联网用户数反映区域科技信息资源的发展程度。

从绿色低碳视角考虑科技资源产出，既包括论文、专利和新产品等一般创新活动产出又包括环境污染方面的问题，其属于多产出的创新活动(曹霞，于娟，2015)。因此，在科技资源期望产出方面，科技论文数与发明专利数代表了知识形态存在的科研成果，其中专利授权数由于受到专利授权机构等人为因素的影响，具有较大的不确定性，因此专利申请受理数比专利授权数更能够反映科技资源产出的真实水平。在科技资源的非期望产出方面，由于资源环境状况影响了要素集聚模式，资源更富、环境良好的地区集聚了人力资本、知识等高级生产要素，往往成为新技术、新产业的发源地，而其他低级生产要素或环境污染物往往就被转移到其他地区，导致部分地区被边缘化，区域经济发展过程中的资源环境约束往往成为影响区域创新绩效提升的关键因素（齐亚伟，2014）。环境污染是一个综合性指标，涉及诸多因素，因此本章将分别利用工业废水排放量、工业二氧化硫排放量、工业烟（粉）尘排放量等代表性环境污染指标表征科技资源配置过程中的非期望产出，从而综合衡量在绿色低碳背景下创新绩效的产出情况。

根据上述指标体系，结合创新绩效空间溢出效应的影响因素指标，分别统计全国 31 个省、自治区、直辖市（港澳台除外）2000—2013 年创新绩效的相关数据，所需数据来源于《中国统计年鉴》(2001—2014)、《中国科技统计年鉴》(2001—2014)、《中国环境统计年鉴》(2001—2014) 及中华人民共和国国家统计局官方网站等。

6.2　两种创新绩效的测度

据非期望产出的 SBM 模型，利用式 (6-1) 分别得到各地区创新绩效值 ρ，并与不考虑非期望产出情况得到的创新绩效进行对比。两种创新绩效反映了在考虑非期望产出以及不考虑非期望产出两种情况下的相对效果，表明各地区创新绩效的强弱，而非真正的创新绩效值，结果见表 6-1 所示。

表 6-1　　　　　　　　　　　　区域创新绩效与位序表

地区	2000—2003 年年平均	2004—2006 年年平均	2007—2010 年年平均	2011—2013 年年平均	2000—2013 年年平均	位序
北　京	0.980/0.977	0.858/0.836	0.861/0.868	0.959/0.957	0.915/0.911	1/1
天　津	0.565/0.420	0.696/0.511	0.537/0.383	0.469/0.403	0.564/0.425	6/9
河　北	0.204/0.183	0.227/0.166	0.220/0.154	0.217/0.170	0.216/0.168	26/27
山　西	0.313/0.224	0.238/0.202	0.229/0.164	0.280/0.223	0.266/0.202	23/24
内蒙古	0.228/0.225	0.126/0.131	0.114/0.086	0.107/0.084	0.148/0.135	29/29

续表

地区	2000—2003年年平均	2004—2006年年平均	2007—2010年年平均	2011—2013年年平均	2000—2013年年平均	位序
辽 宁	0.444/0.315	0.446/0.323	0.423/0.325	0.453/0.328	0.440/0.322	15/18
吉 林	0.817/0.830	0.751/0.848	0.593/0.691	0.541/0.594	0.680/0.744	5/4
黑龙江	0.391/0.280	0.417/0.312	0.364/0.325	0.624/0.501	0.439/0.347	16/14
上 海	0.833/0.749	0.885/0.799	0.956/0.893	0.904/0.679	0.895/0.786	2/3
江 苏	0.383/0.272	0.437/0.311	0.588/0.502	0.877/0.919	0.559/0.485	7/6
浙 江	0.694/0.534	0.640/0.463	0.626/0.503	0.811/0.799	0.688/0.567	4/5
安 徽	0.518/0.471	0.552/0.569	0.488/0.405	0.560/0.481	0.526/0.475	11/7
福 建	0.575/0.435	0.477/0.333	0.385/0.277	0.341/0.294	0.450/0.338	13/15
江 西	0.156/0.177	0.183/0.142	0.205/0.152	0.295/0.218	0.206/0.171	27/26
山 东	0.347/0.257	0.368/0.278	0.337/0.279	0.301/0.293	0.339/0.275	21/21
河 南	0.200/0.176	0.251/0.197	0.260/0.202	0.255/0.225	0.240/0.198	25/25
湖 北	0.429/0.332	0.732/0.611	0.601/0.489	0.499/0.371	0.558/0.445	8/8
湖 南	0.535/0.365	0.680/0.519	0.469/0.359	0.447/0.330	0.528/0.389	9/13
广 东	0.318/0.337	0.491/0.456	0.388/0.411	0.362/0.434	0.385/0.404	18/10
广 西	0.211/0.210	0.292/0.209	0.271/0.189	0.290/0.234	0.262/0.209	24/23
海 南	0.645/0.622	0.381/0.288	0.448/0.320	0.368/0.280	0.473/0.391	12/12
重 庆	0.405/0.285	0.442/0.309	0.492/0.355	0.824/0.725	0.527/0.404	10/11
四 川	0.276/0.191	0.355/0.257	0.485/0.350	0.606/0.463	0.423/0.309	17/19
贵 州	0.285/0.219	0.259/0.218	0.296/0.230	0.420/0.355	0.311/0.251	22/22
云 南	0.523/0.366	0.413/0.297	0.413/0.317	0.433/0.324	0.448/0.328	14/17
西 藏	0.055/0.072	0.054/0.114	0.086/0.102	0.047/0.100	0.062/0.096	31/31
陕 西	0.236/0.215	0.256/0.280	0.415/0.364	0.648/0.494	0.380/0.331	19/16
甘 肃	0.871/0.868	0.830/0.914	0.830/0.946	0.935/0.913	0.864/0.910	3/2
青 海	0.175/0.129	0.180/0.146	0.216/0.154	0.180/0.127	0.189/0.139	28/28
宁 夏	0.116/0.163	0.082/0.097	0.112/0.120	0.153/0.147	0.116/0.133	30/30
新 疆	0.408/0.330	0.386/0.286	0.335/0.235	0.388/0.284	0.378/0.284	20/20

注：分子、分母分别表示不考虑非期望产出情况下与考虑非期望产出情况下的创新绩效；平均值为逐年的算术平均值。

在研究期内，两种情况下全国科技资源的平均配置效率在波动中都有了较小幅度的提升，在不考虑非期望产出情况下，由 2000—2003 年的 0.424 增长到 2011—2013 年的 0.471，增幅 0.047；在考虑非期望产出情况下，由 2000—2003 年的 0.362 增长到 2011—2013 年的 0.411，增幅与不考虑非期望产出基本相同，为 0.049。虽然总体上看不考虑非期望产出情况的创新绩效要比考虑非期望产出情况时较大，但两种情况下，我国创新绩效总体水平有待提升，具有较大发展潜力与发展空间。

区域创新绩效空间分布格局的非均衡性特征较为明显，各省级区域的增幅差异较大，在考虑非期望产出情况下，增幅最大的重庆、江苏与浙江分别达到 0.760、0.734 与 0.521，分别由研究基期的 0.240、0.266 与 0.479 同时达到研究末期的 1.000，创新绩效实现完全有效，此外增幅较大的地区还有陕西（增 0.317）、四川（增 0.300）、黑龙江（增 0.247）。在不考虑非期望产出情况下，创新绩效增幅最大的重庆、江苏与陕西分别达到 0.665、0.454 与 0.447，其中重庆的创新绩效实现完全有效，此外增幅较大的地区还有四川（增 0.345）、黑龙江（增 0.268）、浙江（增 0.242）、贵州（增 0.234）。可以看出，相对而言重庆、江苏、浙江、陕西与四川等地都是我国的教育、科技重镇，科技资源较为集中，科技资源的集聚作用与知识的溢出效应较为明显，科技资源期望产出持续增多，有力地提升了这些地区的创新绩效。

从两种情况下创新绩效的位序对比来看，考虑非期望产出，创新绩效位序高于不考虑非期望产出的地区依次是：广东、安徽、陕西、黑龙江、吉林、江苏、江西、广西、甘肃等区域，很明显这些地区环境因素对科技创新具有正向的促进作用。而考虑非期望产出，创新绩效位序低于不考虑非期望产出的地区依次是：湖南、辽宁、天津、云南、四川、福建、河北、山西、上海、浙江与重庆，这些地区环境因素对于创新绩效的提升具有不同程度的制约作用，未来应充分发挥科技创新在产业转型升级中的支撑与引领作用，把科技创新与绿色发展紧密结合起来，加快科技成果转化为现实生产力，促进地区经济实现科学发展与绿色崛起。

考虑非期望产出，研究期内创新绩效排在前 10 位的地区是北京、甘肃、上海、吉林、浙江、江苏、安徽、湖北、天津、广东；不考虑非期望产出，研究期内创新绩效排在前 10 位的是北京、上海、甘肃、浙江、吉林、天津、江苏、湖北、湖南、重庆。可以看出，这些地区多集中在东部沿海地区，是典型的高投入、高产出地区，是我国率先实施创新驱动发展战略的重点推进区，其科技创业投资和金融支持政策较为完善，国际创新的合作力度较强。中部地区的湖北在两种情况下都排在前列，与湖北作为中部地区传统的科教强省地位是分不开的，湖北高校与科研单位集中，为科技资源的集聚提供了良好的科技外部环境，使两种情况下科技资源的产出都相对较高。此外，西部地区的甘肃两种情况下的科技资源平均配置效率排在第 3 位与第 2 位，其在研究期内的整体创新绩效较高，一方面该地区是典型的低投入、低产出地区，有限的投入并不需要很高的产出就能产生相对较高的创新绩效，另一方面兰州在建设西北科技中心的过程中为该地区创新绩效的有效提升提供了强大动力，相对于青海、宁夏等西部省份，其科技产出明显较多。

两种情况下创新绩效排在后 10 位的地区为：贵州、广西、山西、河南、江西、河北、青海、内蒙古、宁夏、西藏，多集中在西部偏远地区，只是排列顺序略有不同。西部地区在科技创新平台建设、重大项目申报等方面明显处于劣势，争取国家级经费支持也明显少于东部沿海发达地区，而且差距有继续扩大的趋势，科技项目和资金不足，不仅严重影响西部地区的经济、社会发展，也严重影响西部地区人才的成长环境，导致优秀人才流失，进一步制约其创新绩效的提升。此外，东部地区的河北，中部地区的山西、河南、江西也排名较为靠后，这些地区的科技资源期望产出相对较低，科技创新能力整体较为薄弱，实施创新驱动战略还面临着诸多挑战，未来这些地区需要在本土的知识创造、技术引进吸收、人才吸引培育、创新环境打造等方面同时发力，系统构建良好的创新生态，以实现经济的可持续发展。

6.3　创新绩效的空间溢出效应

研究期内中国省级层面区域的创新绩效是否存在空间溢出效应？不同解释变量又是如何影响创新绩效的？本部分将利用固定效应的空间 Durbin 模型定量测算创新绩效的空间溢出效应。由表 6-2 空间 Durbin 模型回归结果可以看出，在不考虑非期望产出与考虑非期望产出两种情况下，空间自回归系数 ρ 都在 1% 的水平上显著，说明中国省级区域的创新绩效存在空间溢出效应，而不考虑非期望产出情况下的空间自回归系数 ρ 为 0.125 小于考虑非期望产出情况下的 0.261，空间溢出效应可以有效降低省级区域创新绩效格局的非均衡分布情况，从一定程度上提升省级层面的创新绩效。

表6-2　空间 Durbin 模型回归结果

解释变量	不考虑非期望产出 原始变量 回归系数	t统计量	不考虑非期望产出 滞后变量 回归系数	t统计量	考虑非期望产出 原始变量 回归系数	t统计量	考虑非期望产出 滞后变量 回归系数	t统计量
污染治理投入(亿元)	0.036*	1.496	0.001	-0.002	0.052**	2.310	0.041	0.729
财政科技支出(亿元)	0.066***	5.206	0.123***	4.333	0.059***	5.125	0.113***	4.221
建成区绿色覆盖率(%)	-0.002	-0.019	-0.326*	-1.390	0.066*	0.846	0.311*	1.406
技术市场成交额(亿元)	0.011***	7.415	0.019**	3.089	0.006***	4.078	-0.002	-0.669
居民消费水平(万元)	-0.072**	-2.629	0.090*	1.334	-0.074***	-4.194	0.176***	3.818
城镇化率(%)	-0.071*	-1.060	0.124	0.729	0.284***	4.798	-0.010	-0.058
三产占GDP比重(%)	0.009	0.145	-0.867***	-5.142	0.198***	3.462	-0.261**	-1.782
教育经费支出(亿元)	0.035***	12.723	-0.002	-0.203	0.014***	5.927	-0.013	-2.125
公路密度(km/万人)	0.011*	1.086	0.099***	4.483	-0.003	-0.349	0.022*	1.023
劳均GDP(万元)	0.058***	4.608	-0.012	-0.359	0.002	0.191	-0.020	-0.646
外商直接投资(亿元)	-0.008*	-1.460	-0.036**	-2.754	-0.026***	-6.013	-0.036***	-3.061
ρ	0.125***	2.831	-0.372***	-3.976	0.261***	5.143	-0.135	-1.380
R^2	0.942		0.958		0.852		0.881	
似然比	407.547		439.240		409.265		434.769	

注：*** 表示1%水平上显著，** 表示5%水平上显著，* 表示10%水平上显著。

在不考虑非期望产出的情况下，污染治理投入、财政科技支出及滞后、滞后建成区绿色覆盖率、技术市场成交额及滞后、居民消费水平及滞后、城镇化率、滞后三产占 GDP 比重、教育经费支出、公路密度及滞后、劳动力平均GDP(以下简称劳均 GDP)、外商直接投资及滞后因素对创新绩效影响显著。在考虑非期望产出的情况下，污染治理投入、财政科技支出及滞后、建成区绿色覆盖率及滞后、技术市场成交额、居民消费水平及滞后、城镇化率、三产占GDP 比重及滞后、教育经费支出及滞后、滞后公路密度、滞后劳均 GDP、外商直接投资及滞后因素对创新绩效影响显著。两种情况的下原始变量与滞后变量的拟合优度 R^2 都大于 0.85，似然比都大于 400，空间 Durbin 模型的回归结果都比较好。

为了克服空间 Durbin 计量模型，回归系数不能完全反映自变量对因变量影响的制约，需要通过测算创新绩效空间溢出的直接效应、间接效应和总效应来解决这一问题。表 6-3 与表 6-4 分别列出了在不考虑非期望产出与考虑非期望产出两种情况下解释变量的直接效应、间接效应和总效应。

表 6-3　　不考虑非期望产出下解释变量的直接效应、间接效应和总效应

解释变量	直接效应		间接效应		总效应	
	回归系数	t 统计量	回归系数	t 统计量	回归系数	t 统计量
污染治理投入(亿元)	0.036	1.551	0.005	1.250	0.041	1.541
财政科技支出(亿元)	0.065***	5.252	0.009**	2.568	0.074***	5.373
建成区绿色覆盖率(%)	−0.007	−0.078	−0.002	−0.110	−0.008	−0.083
技术市场成交额(亿元)	0.011***	7.443	0.002**	2.314	0.013***	6.497
居民消费水平(万元)	−0.071**	−2.580	−0.001*	−1.838	−0.081**	−2.580
城镇化率(%)	−0.069	−1.018	−0.009	−0.879	−0.078	−1.014
三产占 GDP 的比重(%)	0.009	0.147	0.001	0.081	0.010	0.139
教育经费支出(亿元)	0.036***	12.929	0.005**	2.396	0.041***	9.312
公路密度(km/万人)	0.011	1.090	0.001	0.919	0.012	1.087
劳均 GDP(万元)	0.059***	4.696	0.008**	2.364	0.067***	4.678
外商直接投资(亿元)	−0.008*	−1.445	−0.001*	−1.144	−0.009*	−1.420

注：***表示1%水平上显著，**表示5%水平上显著，*表示10%水平上显著。

表6-4　　　考虑非期望产出下解释变量的直接效应、间接效应和总效应

解释变量	直接效应		间接效应		总效应	
	回归系数	t 统计量	回归系数	t 统计量	回归系数	t 统计量
污染治理投入(亿元)	0.052**	2.184	0.017*	1.940	0.069**	2.187
财政科技支出(亿元)	0.060***	5.177	0.020***	3.070	0.080***	4.877
建成区绿色覆盖率(%)	0.065	0.817	0.022	0.770	0.087	0.813
技术市场成交额(亿元)	0.006***	4.066	0.002**	2.720	0.008***	3.870
居民消费水平(万元)	−0.076***	−4.217	−0.026**	−2.522	−0.102***	−3.800
城镇化率(%)	0.292***	4.907	0.098***	2.819	0.390***	4.455
三产占 GDP 比重(%)	0.202***	3.353	0.068**	2.410	0.270***	3.217
教育经费支出(亿元)	0.014***	6.006	0.005***	3.052	0.019***	5.293
公路密度(km/万人)	−0.003	−0.351	−0.001	−0.382	−0.004	−0.362
劳均 GDP(万元)	0.002	0.175	0.001	0.125	0.003	0.163
外商直接投资(亿元)	−0.026***	−5.989	−0.009***	−3.164	−0.035***	−5.436

注：***表示1%水平上显著，**表示5%水平上显著，*表示10%水平上显著。

在不考虑非期望产出情况下，从直接效应来看，各省级区域的财政科技支出、技术市场成交额、教育经费支出、劳均 GDP 对本地区的创新绩效造成显著正向影响，居民消费水平、外商直接投资对本地区创新绩效造成显著负向影响，污染治理投入、建成区绿色覆盖率、城镇化率、三产占 GDP 比重、公路密度对本地区创新绩效造成的影响不显著。间接效应、总效应对创新绩效的影响与直接效应表现出相同的影响方向，但是却有不同的显著水平，例如财政科技支出、技术市场成交额、教育经费支出、劳均 GDP 在直接效应中在 1%水平上显著，表现出一种极显著的状态，而在间接效应中在 5%水平上显著，居民消费水平在直接效应中在 5%水平上显著而在间接效应中在 10%水平上显著，这说明增加或减少这些因素不仅可以促进本地区创新绩效的提高，也可以有效带动其他地区创新绩效的提高，但是对于本地区的带动作用明显要大于对于其他地区的带动作用。

在考虑非期望产出的情况下，从直接效应来看，污染治理投入因素对创新绩效的影响由正的不显著影响变成显著正影响，建成区绿色覆盖率由负的不显著影响变为正的不显著影响，这说明对于当前中国许多资源、环境、生态指标

逼近甚至超过生态承载力的省级区域，加大生态环境投资建设力度，可以有效提高创新绩效，实现区域绿色创新，破解区域面临的资源、环境、生态等约束问题，从而提高经济社会发展质量。城镇化率与第三产业占 GDP 比重分别由负的与正的不显著影响变为显著正影响，可以从侧面反映区域的城镇化率越高，市场化程度越完善，对于环境约束下的绿色创新绩效的提升越具有影响力。公路密度由正的不显著影响变为负的不显著影响，在一定程度上反映出交通基础设施对于创新绩效的提升作用影响有限。

同时，间接效应、总效应对创新绩效的影响与直接效应也表现出相同的影响方向，而关于显著水平，财政科技支出、城镇化率、教育经费支出与外商直接投资的间接效应、总效应与总效应与直接效应表现出相同的极显著水平，通过增加或减少这些影响因素，不仅可以有效促进本地区创新绩效的提升，还可以带动其他省市创新绩效的同时显著提升。技术市场成交额、居民消费水平、三产占 GDP 比重在直接效应中在 1% 水平上显著，也表现出极显著的状态，而在间接效应中在 5% 水平上显著，污染治理投入在直接效应中在 5% 水平上显著而在间接效应中在 10% 水平上显著，这些因素对于本地区创新绩效提升的带动作用明显要大于对于其他地区的带动作用。

6.4 本章小结

（1）总体上看，区域创新绩效空间分布格局的非均衡性特征较为明显，省级区域不考虑非期望产出情况的创新绩效要比考虑非期望产出情况时较大，但两种情况下区域创新绩效水平整体偏低，具有较大发展潜力与发展空间。因此，提高创新绩效是我国科技创新需要解决的一个重要问题，而在提高创新绩效上，优化科技资源配置又是必须首要考虑的问题。未来各级政府要进一步深化科技体制改革，加快转变政府职能，优化科技资源配置方式，大力推动协同创新，在以下几方面取得突破性进展：一是要加快推动公共科技资源开放共享，制定推进科技资源开放共享的管理办法，编制科技资源开放共享目录。二是要提高企业科技资源的配置能力，鼓励产学研结合、大中小企业组成产业技术协同创新联盟，支持企业与科研院所、高校联合开展基础研究，推动基础研究与应用研究紧密结合。在共同研发产品的过程中，形成分工明确、风险共担、利益共享的创新链和产业链，分享市场创新的红利。三是要加快建立协同创新机制，围绕产业链部署创新链，围绕创新链完善资金链，营造开放协同高效的创新生态。深化科研院所改革和高校科研体制改革，推动建立权责清晰、优势互补、利益共享、风险共担的产学研紧密合作机制。

（2）从空间 Durbin 模型回归结果可以看出，在不考虑非期望产出与考虑非期望产出两种情况下，空间自回归系数 ρ 分别为 0.125 与 0.261，都在 1% 的水平上显著，说明中国省级区域的创新绩效存在空间溢出效应。通过测算各省级区域直接效应、间接效应与总效应反映解释变量对创新绩效的影响，在两种情况下，财政科技支出、技术市场成交额、教育经费支出三个因素对于创新绩效具有显著正影响，加大科技、教育经费的投入力度，增加新产品的研发强度，扩大技术市场成交额对于提升创新绩效效果明显。因此，一方面，未来应进一步加大财政科技投入，并调整和优化财政科技投入的结构，加大对基础研究、前沿探索、战略高科技的科技投入，加强科技管理改革与创新，逐步形成重点突出、持续稳定的支持机制。另一方面，进一步完善技术创新市场导向机制，明晰政府与市场的边界，更加尊重市场规律，充分发挥市场对技术研发方向、路线选择、要素价格和各类创新要素配置的导向作用，逐步扩大技术市场成交额。此外，有效缓解当前中国由于教育经费非均衡性引起的区际发展差异，除了需要相关部门进一步利用政策引导和支持高校区域间的互助联合之外，中西部地区也应高度重视并主动寻求与东部地区在学生培育和科学研究等领域的交流合作机会，积极承接东部地区"扩散效应"，缓解中西部地区教育资源相对匮乏对区域发展的制约。最终依托教育经费、优秀人才等关键科技资源长期密切的跨区域协调及整合，减弱甚至消除科技资源非均衡性配置带来的负面效应，实现中国创新绩效的整体提升。

（3）与不考虑非期望产出的情况相比，考虑非期望产出污染治理投入因素对创新绩效的影响由正的不显著影响变成显著正影响，建成区绿色覆盖率由负的不显著影响变为正的不显著影响，城镇化率与第三产业占 GDP 比重分别由负的与正的不显著影响变为显著正影响，公路密度由正的不显著影响变为负的不显著影响，劳均 GDP 由显著正影响变为正的不显著影响。可见，不考虑非期望产出的创新绩效更多地强调了劳均 GDP 等经济发展水平因素对创新绩效的影响，忽略了环境因素与市场化因素对于创新绩效的影响，考虑环境约束下的创新绩效的测度更能准确反映区域创新绩效的相对演化趋势。因此，未来应积极推动创新发展与绿色发展的深度融合，围绕国家战略和社会关注，如落实《加强大气污染防治科技支撑工作方案》，突出重点地区雾霾成因、源头治理、节能减排、健康影响等科研工作，加快推广应用新能源和电动汽车等先进技术。

（4）本研究对于提升环境约束下的区域绿色创新绩效，优化区域绿色科技资源配置，推进国家创新驱动战略与生态文明战略的深度融合，是一次较为有益的理论探索。未来应深入贯彻十八届五中全会精神，牢固树立五大发展理念，坚持创新驱动、转型发展，构建科学合理的科技资源管理体系和配置机制，引导科技资源的合理流动和充分有效利用，集中有限的资源投入优先发展或重点培育的领域中，推进科技资源在产业、区域、部门等方面布局的均衡化与合理化，从而大大降低科技资源配置过程中的重复浪费，提高科技资源投入效益。坚持绿色生态、低碳发展，加快建设资源节约型、环境友好型社会，形成人与自然和谐发展现代化建设新格局。坚持创新驱动与绿色低碳协调发展，加大对农业、生态、环保、健康等社会公益领域的科技投入力度，加大对于绿色增长和环境保护等相关科学问题的深入研究，逐步破解环境资源问题对我国经济、社会发展的制约作用，从而为提高绿色创新绩效，建设"美丽中国"与"创新中国"提供战略保障。

第7章　区域协同创新对创新绩效的影响机制

　　党的十九大报告明确提出："创新是引领发展的第一动力，是建设现代化经济体系的战略支撑。"这一重要论断把创新摆到了关系国家发展全局的核心位置。创新绩效作为衡量区域经济高质量发展水平的重要指标，是一定量的创新资源投入所表现出来的生产效率，是创新系统各组成部分之间合作与互动的结果（范斐，等，2013；吕拉昌，等，2016）。早期学者关于区域创新绩效的研究内容主要集中在创新绩效的评价方面，通常采用数据包络分析、因子分析、随机前沿面模型等方法，以不同区域为研究对象，在测算其创新绩效的基础上，就区域内部创新要素协调与创新绩效的关系进行论述，并对各区域如何配置创新资源及如何提高效率等问题进行了探讨（Kalapouti，等，2017；Guan，等，2016；Hashimoto，等，2018；范斐，等，2016；管燕，等，2011；谭俊涛，等，2016）。由于其假设各区域之间相互独立，忽略了不同区域间的相互影响，无法揭示区域之间的创新合作对创新绩效的影响情况。

　　随着全球化深入发展和产业价值链细化，传统以线性和链式为主的技术创新模式已经向以多元创新主体合作为基础的协同创新模式转变。创新资源越来越明显地突破组织、地域的界限，在全球范围内自由流动，一个地区的创新产出不仅取决于当地的经济水平、科技投入、社会文化环境等综合因素，同时还受到其他区域创新活动的影响（范斐，等，2015）。协同创新日益受到学术界和政策制定者的关注，被认为是创新型国家（地区）培育创新竞争力的一种重要手段。区域层面的研究也进一步证实了跨区域创新合作对创新绩效的影响，如跨区域创新合作网络的中心性和路径长度等对区域创新绩效都有正向影响（Guan，等，2015；Wang，等，2014）。此外，一些学者从协同创新与空间关联对区域创新绩效的影响（白俊红，蒋伏心，2015）、研发要素区际流动对创新效率的影响（白俊红，王钺，2015；李婧，产海兰，2018）、产学研协同创新与区域创新绩效的关系(蒋伏心，等，2015；刘友金，等，2017)等方面研究了区域创新合作与创新绩效(Broekel，等，2012)的关系。

对于各个区域创新系统而言，其创新要素的组织和协调有 2 种方式：一种是各区域创新系统内部企业、高等院校、科研机构、政府、金融中介等创新主体之间通过协同互动等方式，组织创新资源以获得创新成果，称之为创新主体间的协同创新。另一种方式是区域创新系统之间的要素流动，称之为创新区域间的协同创新(白俊红，蒋伏心，2015)，本研究的协同创新特指区域之间的协同创新。现有的少数关于区域协同创新与创新绩效关系的研究都是着眼于从省级区域探讨创新要素区域流动、产学研协同创新对创新绩效的影响，而城市才是区域协同创新的重要载体，区域协同创新本质上还是城市(即创新区域)之间的协同创新。此外，现有研究较少从创新要素流动、区域创新合作等方面综合考察区域协同创新对于创新绩效的影响，也没有基于非线性视角考虑在不同经济发展水平下区域协同创新对创新绩效的影响程度可能存在的差异，在某一经济发展水平区间内可能存在着区域协同创新对创新绩效最优的促进作用。基于此，本章以中国 62 个主要城市为研究对象，运用改进的 DEA 模型测度出各城市的创新绩效水平，并在此基础上运用门槛回归模型，综合考察区域间协同创新在不同经济发展水平下对创新绩效的影响机制。

7.1 研究方法与数据

7.1.1 研究方法

(1)改进的 DEA 模型

由于传统的 DEA(Data Envelopment Analysis)模型对有效决策单元无法作进一步的精确划分，因此本研究采用改进的 DEA 模型(段永瑞，2006)来测算创新绩效。设有 n 个决策单元 $DMU_k(k = 1，2，\cdots，n)$，每一个决策单元有 m 个输入指标，S 个输出指标，输入向量为 $X_k = (x_{1k}，x_{2k}，\cdots，x_{mk})^{\mathrm{T}}$，输出向量为 $Y_k = (y_{1k}，y_{2k}，\cdots，y_{sk})^{\mathrm{T}}$。其中，$x_{ik}$ 与 y_{rk} 分别表示 DMU_k 的第 i 个输入指标值和第 r 个输出指标值，v_i、u_r 分别为相应指标的权重系数；C_m、B_s 是根据输入指标、输出指标重要性大小构造的判断矩阵；λ_m、λ_s 分别是断矩阵 C_m、B_s 的最大特征值。改进的 DEA 模型的具体形式见式(7-1)。

$$
\begin{cases}
\min \displaystyle\sum_{r=1}^{s} u_r y_{r,\,n+2} \\[2mm]
\text{s.t.}\ \displaystyle\sum_{i=1}^{m} v_i x_{i,\,n+2} = 1 \\[2mm]
\displaystyle\sum_{r=1}^{s} u_r y_{r,\,n+1} - \sum_{i=1}^{m} v_i x_{i,\,n+1} = 0 \\[2mm]
\displaystyle\sum_{r=1}^{s} u_r y_{rj} - \sum_{i=1}^{m} v_i x_{ij} \leqslant 0,\ j \neq n+1 \\[2mm]
(C_m - \lambda_m E_m)v \geqslant 0 \\[1mm]
(B_s - \lambda_s E_s)u \geqslant 0 \\[1mm]
u_r \geqslant 0,\ r = 1, 2, \cdots, s \\[1mm]
v_i \geqslant 0,\ i = 1, 2, \cdots, m
\end{cases}
\tag{7-1}
$$

由上述模型求得公共权重 u_r^*，v_i^*，利用公式：

$$
\theta_k^* = \sum_{i=1}^{s} u_r^* y_{rk} \Big/ \sum_{i=1}^{m} v_i^* x_{ik}
\tag{7-2}
$$

求出各 DMU 的相对绩效值，值越大表明绩效越高。

（2）门槛回归模型

门槛回归模型是由 Hansen 提出的，其基本思想为：当某一解释变量处于不同区间时，其对被解释变量产生的影响具有显著差异。各区域协同创新解释变量与创新绩效之间可能表现为非线性关系，因此传统的线性回归并不能很好地解释二者之间的关系，运用门槛模型回归更为贴近现实。为此，本章首先设定单一门槛回归模型（Hansen，1999）：

$$
Y_{it} = \alpha X_{it} + \beta_1 d_{it} \times I(T_{it} \leqslant \delta) + \beta_2 d_{it} \times I(T_{it} > \delta) + C + \varepsilon_{it}
\tag{7-3}
$$

式中，Y_{it} 为第 i 个地区第 t 年的被解释变量，X_{it} 为控制变量，d_{it} 为核心解释变量，T 为门槛变量，即人均 GDP，δ 为固定的门槛值，α 为 X_{it} 对被解释变量的影响系数，β_1 和 β_2 分别是核心解释变量 d_{it} 在 $T_{it} \leqslant \delta$ 和 $T_{it} > \delta$ 时对被解释变量的影响系数，C 为常数项，$\varepsilon_{it} \sim (0, \sigma)$ 为随机扰动项，$I(\cdot)$ 为指示性函数，条件成立时取值为 1，否则取值为 0。

式(7-3)仅仅假设存在 1 个门槛，但是有可能会存在 2 个及 2 个以上门槛，限于篇幅原因，二重及二重以上门槛检验本章不再赘述。

7.1.2　指标数据处理与选取

（1）创新绩效测度

从创新投入来看，科技人力资源和科技财力资源是科技生产的基本要素和科技生产得以进行的先决条件(范斐,等,2016),其中,科学研究、技术服务从业人员数(以下简称科技人员数)反映了区域对科技创新人才的吸引能力,财政科技支出强度表征区域对科技创新的重视与支持程度。从创新产出来看,科技论文数与发明专利数代表了知识形态存在的科研成果,是衡量科技创新产出的重要载体。因此,在测算创新绩效时,将科技人员数(万人)、地区财政科技支出(万元)作为投入指标,将检索科技论文数(篇)和检索三大专利申请数(件)作为产出指标。

(2)影响因素指标选取

科技人员在区域间的合理流动能够有效促进知识溢出,从而影响区域创新绩效。科技资金亦具有稀缺性和追逐自身价值最大化的特征,会从边际收益率低的区域向边际收益率高的区域流动,这种"择优"机制会促使科技资金产生空间交互作用。区域间的合著科研论文与专利联合申请是科研合作最直接的体现形式,以科研论文和专利联合申请为媒介的知识合作网络已成为知识溢出的重要通道,科研合作可以提高研究质量,加快区域间知识创新扩散,从而对区域创新绩效产生显著的正向影响。因此,本章主要从科技人员流动、科技资金流动、科技论文合作、专利联合申请4个维度考察区域协同创新对创新绩效的影响作用。其中,检索科技论文合作数(篇)、城市专利合作数(件)为搜集数据,区域间的科技人员流动量、科技资金流动量为测算数据。

①科技人员流动量(Spl)的引力模型。参考白俊红和蒋伏心(2015)的研究,本章在核算科技人员流动量时,选用各城市的人均 GDP 来表征本市对其他城市的科技人员的吸引力,建立如下引力模型:

$$\mathrm{Spl}_{ij} = \ln M_i \ln K_j R_{ij}^{-2} \tag{7-4}$$

式中,Spl_{ij} 为从 i 城市流动到 j 城市的科技人员流动量,M_i 表示 i 城市的科技人员,K_j 是 j 城市的人均 GDP,表征 j 城市的吸引力,R_{ij} 是两城市之间的距离。

在式(7-4)的基础上测算出 i 城市的科技人员流入其他所有城市的流动量,即为 i 城市的总流动量:

$$\mathrm{Spl}_i = \sum_{j=1}^{n} \mathrm{Spl}_{ij} \tag{7-5}$$

式中,Spl_i 为 i 城市流动到其他城市的科技人员总量,n 为城市的个数,本章 $n = 62$。

②科技资金流动量(Scl)的引力模型。本章借鉴蒋天颖等(2014)的研究,采用下式测算:

$$\mathrm{Scl}_{ij} = \ln N_i \ln N_j R_{ij}^{-2} \tag{7-6}$$

式中，Scl_{ij} 为从 i 城市流动到 j 城市的科技资金流动量，N_i 和 N_j 是 i 城市和 j 城市的财政科技支出。

同样，参照式(7-5)，i 城市流动到其他城市的科技资金总量(Scl_i)为：

$$\mathrm{Scl}_i = \sum_{j=1}^{n} \mathrm{Scl}_{ij} \tag{7-7}$$

(3)控制变量

为了尽量减少遗漏相关变量对结果造成的影响，本章将其他可能影响到创新绩效的相关变量加以控制，用各城市的就业人数(万人)来表征社会发展水平，用全社会固定资产投资率(当年固定资产投资/当年国内生产总值)来表征投资规模强度，用直接利用外商投资总额(万美元)来表征对外开放程度，用互联网宽带接入户数(户)来表征信息发展水平，用社会消费品零售总额(万元)来表征居民消费水平。

(4)数据来源及处理

考虑到数据的可得性与代表性，本章分别选取检索科技论文数(篇)和检索三大专利申请数(件)排在全国前 20% 的城市作为研究对象，总计 62 个城市，其中东部地区 37 个城市，中部地区 9 个城市，西部地区 11 个城市，东北地区 5 个城市。这些城市检索科技论文数(篇)占全国总量的 73.6%，检索三大专利申请数(件)占全国总量的 78.9%，基本上表征了全国城市的科技创新分布格局。其中，检索科技论文数(篇)、检索科技论文合作数(篇)主要来源于中国期刊全文数据库，检索三大专利申请数(件)主要来源于中国专利数据库(知网版)(http://dbpub.cnki.net/Grid2008/Dbpub/brief.aspx？ID=SCPD)，城市专利合作数(件)主要来源于国家知识产权局专利数据库(http://pss-system.cnipa.gov.cn/sipopublicsearch/portal/uiIndex.shtml)。科技人员数(万人)、地区财政科技支出(万元)、全社会固定资产投资率(%)、就业人数(万人)、直接利用外商投资总额(万美元)、互联网宽带接入户数(户)、社会消费品零售总额(万元)等指标来源于《中国城市统计年鉴》(国家统计局，2004—2017 年)。

7.2 实证分析结果

7.2.1 区域创新绩效

基于改进的 DEA 模型测算得到 62 个城市 2003—2016 年的平均创新绩效

变动趋势(图7-1)。同时，为了进一步辨析研究期内全国城市创新绩效的变化趋势，本章将创新绩效的发展阶段从高到低依次划分为：创新绩效高级阶段、创新绩效中级阶段、创新绩效低级阶段与创新绩效初级阶段，各城市创新绩效发展阶段划分如表7-1所示。

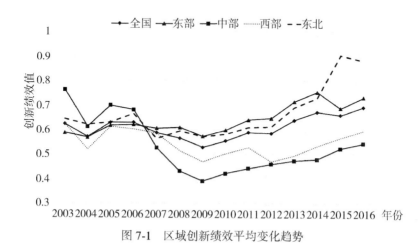

图 7-1 区域创新绩效平均变化趋势

由图7-1、表7-1可知，研究期内中国62个城市的创新绩效在波动中稳步提升，平均创新绩效值由2003年的0.624上升到2016年的0.684，说明从全国城市的平均创新绩效增长来看，国家创新驱动战略初见成效，科技创新在提高区域经济发展潜力中的战略支撑作用进一步显现。东北地区的创新绩效增长最快，由研究基期的0.644上升到研究末期的0.881，同时东北地区也是四大板块中创新绩效最高的地区，这主要是东北地区仅有沈阳、大连、鞍山、长春、哈尔滨5个城市纳入研究范围，这些城市的创新绩效在研究期内相对表现较好，由研究基期的仅大连为创新绩效高级阶段发展到研究末期的哈尔滨、长春、鞍山和大连为创新绩效高级阶段，并形成了哈(哈尔滨)—大(大连)创新绩效核心轴。东部地区的创新绩效由研究基期的0.587上升到研究末期的0.732，整体上升较快，且东部地区的创新绩效也高于全国平均水平。东部地区创新绩效处于高级阶段的城市由研究基期的12个上升到研究末期的19个，主要集中在京津冀、长三角和珠三角三大城市群。在研究末期，中部地区和西部地区的创新绩效分别为0.544和0.596，低于全国平均水平，仅有重庆、成都、西安、兰州等4个中西部地区城市的创新绩效处于高级阶段，说明从总体上看中西部地区的科技人才流失现象依然比较严重，"中部塌陷"现象同样存在于城市创新绩效方面，创新驱动经济高质量发展的能力有待于进一步加强。

表 7-1 中国城市创新绩效发展阶段划分

阶段划分	2003 年	2016 年
高级阶段 $(0.75<Y_{it}\leq1.00)$	北京、上海、南京、深圳、东莞、合肥、芜湖、武汉、长沙、西安、广州、佛山、济南、成都、扬州、杭州、青岛、兰州、郑州、大连、重庆、天津	北京、南京、无锡、苏州、镇江、温州、济南、青岛、深圳、AA鞍山、哈尔滨、大连、湖州、成都、宁波、上海、泉州、长春、绍兴、汕头、佛山、天津、杭州、东莞
中级阶段 $(0.50<Y_{it}\leq0.75)$	太原、苏州、长春、徐州、沈阳、厦门、南昌、西宁、哈尔滨、常州、乌鲁木齐、淮安、中山、呼和浩特、福州、南宁、盐城	南昌、泰州、广州、郑州、南通、柳州、武汉、嘉兴、南宁、厦门、合肥、徐州、福州、沈阳、台州、扬州、常州、长沙、安庆、中山
低级阶段 $(0.25<Y_{it}\leq0.50)$	石家庄、镇江、宁波、汕头、昆明、温州、南通、银川、蚌埠、鞍山、无锡、泉州、潍坊、湖州、柳州、绍兴、珠海、金华	芜湖、潍坊、昆明、石家庄、淮安、盐城、金华、惠州、太原、蚌埠、珠海
初级阶段 $(0.00<Y_{it}\leq0.25)$	台州、安庆、泰州、惠州、嘉兴	呼和浩特、西宁、银川、乌鲁木齐

7.2.2 门槛回归分析

首先，对模型进行 Hausman 检验，结果显示强烈拒绝原假设，因此选择固定效应模型分析，并依次对核心解释变量进行门槛检验，检验结果如表 7-2 所示。

表 7-2 门槛效果检验

创新指标	专利合作数	科技论文合作数	科技人员流动量	科技资金流动量
单一门槛检验	10.387*	15.848**	7.293	5.561
双门槛检验	26.780***	6.939	10.774**	14.476*
三门槛检验	0.000**	0.000*	0.000**	0.000**

注：表中数据为门槛检验所对应的 F 统计量，***、**和*分别表示在 1%、5% 和 10% 的水平下显著。

专利合作数、科技论文合作数分别在 10%、5% 的显著性水平上通过单门槛检验，专利合作数、科技人员流动量和科技资金流动量分别在 1%、5% 和 10% 的显著性水平上通过双门槛检验，同时，这 3 个变量均在 5% 的显著性水平上通过三门槛检验。科技论文合作数在 10% 的显著性水平上通过三门槛检验。本章对科技论文合作数采用单门槛检验，对其余 3 个变量均采用双重门槛检验进行分析。这是因为：（1）专利合作数的双门槛显著性最高；（2）科技论文合作数的单门槛显著性最高；（3）科技人员流动量双门槛和三门槛显著性相同，单重门槛不具有显著性；（4）虽然科技资金流动量的三门槛显著性高于双门槛，但三门槛的门槛变量与其他门槛共线，不符合要求，因而被剔除。

由表 7-3、表 7-4 可知，模型(1)中，专利合作数对区域创新绩效的影响呈现正向双门槛特征。当经济发展水平在第一门槛 10.441 以下（人均 GDP 低于门槛值 3.423 万元）时，专利合作数对区域创新绩效的弹性系数为 0.039，安庆、蚌埠、昆明、兰州、柳州、南宁等 13 个城市均位于该门槛值以内；当经济发展水平在第一门槛 10.441 和第二门槛 11.216 之间（人均 GDP 处于 3.423 万~7.431 万元）时，专利合作数对创新绩效的弹性系数下降至 0.020，湖州、惠州、济南、嘉兴、金华、南昌、南京等 35 个城市位于这两个门槛之间；当经济发展水平超过第二门槛 11.216（人均 GDP 大于 7.431 万元）时，专利合作数对区域创新绩效的弹性系数又下降为 0.013，但此时系数并不显著，广州、深圳、苏州、珠海等 14 个城市均位于第二个门槛值外。这一系数的变化趋势反映了随着区域经济发展水平的提高，专利合作数对区域创新绩效的促进作用也越来越不明显。当跨过相应的经济发展水平门槛后，专利合作数对创新绩效的促进作用逐渐减弱，即在不同经济发展阶段，专利合作数对创新绩效的促进作用具有差异性的动态变化。究其原因，当经济发展水平较低时，城市间的专利合作以相对成熟的技术为主，在经济发展水平相对欠发达地区形成了有效的知识和技术溢出，因而对城市创新绩效提升的助力作用也较强。但当经济发展水平到达一定程度时，城市的工业化和现代化进程加速，土地、人力资源等经济要素的制约作用越来越明显，城市经济发展需尽快实现由要素驱动向创新驱动转变。在这一转变过程中，由于专利合作的规模效应并没有与区域创新绩效的提升相协调，因此专利合作数对区域创新绩效影响的弹性系数在一定时期内呈现下降趋势。

表 7-3 门槛值估计

门槛变量	门槛估计值 1	95%置信区间	门槛估计值 2	95%置信区间
专利合作数	10.441	[10.215, 10.462]	11.216	[9.072, 12.130]
科技论文合作数	9.299	[9.233, 10.894]		
科技人员流动量	10.088	[9.072, 11.145]	10.255	[9.072, 12.130]
科技资金流动量	9.427	[9.072, 12.130]	10.250	[9.923, 10.449]

注：专利合作数、科技论文合作数进行了取对数处理。

表 7-4 模型参数估计结果

变量	模型(1) 专利合作数 (x_1)	模型(2) 科技论文合作数 (x_2)	模型(3) 科技人员流动量 (x_3)	模型(4) 科技资金流动量 (x_4)
X($T_{it} \leqslant \delta_1$)	0.039 *** (−4.41)	0.138 *** (13.57)	−2.140 *** (−2.71)	5.078 *** (−2.71)
X($\delta_1 < T_{it} \leqslant \delta_2$)	0.020 *** (−2.61)	0.111 *** (13.84)	12.010 ** (−2.27)	0.486 *** (−3.5)
X($T_{it} > \delta_2$)	0.013 (−1.61)		0.020 (−0.5)	−3.23E-03 (−0.35)
就业人数	−0.009 *** (−2.91)	−0.007 *** (−2.93)	2.39E-03 (−0.73)	−1.79E-03 (−0.58)
固定资产投资率	−0.187 *** (−6.27)	−0.053 ** (−1.99)	−0.129 *** (−4.18)	−0.201 *** (−6.65)
直接利用外商投资总额	0.019 ** (−2.18)	0.005 (0.61)	7.64E-03 (−0.89)	0.026 *** (−3.12)
互联网宽带接入户数	0.029 (−1.64)	0.050 *** (3.43)	0.016 (−0.92)	0.045 *** (−2.59)
社会消费品零售总额	0.080 *** (−3.61)	0.058 *** (3.66)	0.064 *** (−3.34)	0.076 *** (−3.99)
C	−1.265 *** (−4.85)	−1.761 *** (−12.40)	−0.677 *** (−3.78)	−1.408 *** (−7.88)

注：1. 括号内为 t 值，*、**、***分别表示在 10%、5%、1%的水平上显著；2. 就业人数、直接利用外商投资总额、互联网宽带接入户数、社会消费品零售总额进行了取对数处理。

模型(2)中,科技论文合作数对区域创新绩效影响呈现正向单门槛特征。当经济发展水平在单一门槛 9.299 以下(人均 GDP 低于门槛值 1.093 万元)时,科技论文合作数对区域创新绩效的弹性系数为 0.138;当跨过这一门槛后,科技论文数对创新绩效的弹性系数下降为 0.111。所有 62 个城市均跨过了这一门槛,且位于门槛值的右侧,造成这种现象的原因可能是,科技论文合作本质上是城市间知识流动的载体,城市因所处经济发展阶段的差异,对知识的消化、吸收和利用能力也存在较大差异。在经济发展水平较低阶段,知识合作对于区域创新绩效具有较强的促进作用,随着经济发展水平不断提升,区域对知识整合的动态能力要求不断增强,仅仅拥有大量的知识合作并不能有效地促进区域创新绩效。提升创新绩效不仅需要知识的获取,更需要知识的融合与重构,只有整合的知识与技术才能形成城市强大的创新力,增强城市的区域竞争优势,从而有效提升城市创新绩效。

模型(3)中,科技人员流动量在不同经济发展水平门槛下,对创新绩效的影响程度和方向均不同。当经济发展水平在第一门槛 10.088 以下(人均 GDP 低于门槛值 2.405 万元)时,科技人员流动量对创新绩效的弹性系数为 −2.140;当跨过这一门槛后,科技人员流动量对创新绩效的弹性系数变为 12.010,科技人员流动量对创新绩效的促进作用显著增强;当经济发展水平位于第二门槛 10.255 以上(人均 GDP 大于 2.842 万元)时,科技人员流动量对创新绩效的弹性系数变为 0.020,且不显著。低于第一门槛值以下的城市为安庆、蚌埠、汕头 3 个城市,跨过第一门槛的城市为南宁、西宁、重庆;跨过第二门槛的有鞍山、北京、常州、长春、长沙、成都、大连等 56 个城市。当城市的经济发展水平较低时,科技人员数量相对较少,且由于经济发达地区的虹吸效应,科技人员一般偏向从经济欠发达地区流向发达地区,科技人员流出对于欠发达地区的创新绩效提升具有负向作用。当经济发展水平跨过第一门槛后,此类城市产业转型升级加速,科技人员的流动由流出转为流入,随着科技人员流入数量的不断增加,科技人员流动对于创新绩效的影响会发生由量变到质变的转化,呈现出较强的促进作用。而当经济发展水平跨过第二门槛以后,科技人员呈现出"大出大进"高速流动特征,但科技人员集聚作用的发挥又具有一定的时滞性,短期内对创新绩效提升的乘数效应并不能充分地发挥出来,因此科技人员流动对于提升区域创新绩效的作用并非十分显著。

模型(4)中,科技资金流动量在不同经济发展水平门槛下,对创新绩效的影响方向和程度也不相同。当经济发展水平在第一门槛 9.427 以下(人均 GDP 低于门槛值 1.242 万元)时,科技资金流动量对创新绩效的弹性系数为 5.078;

当跨过第一门槛值后，科技资金流动量对创新绩效的弹性系数由 5.078 下降为 0.486；当经济发展水平跨过第二门槛 10.250(人均 GDP 大于 2.828 万元)后，科技资金流动量对创新绩效的弹性系数变为 $-3.23E-03$，且不显著。跨过第一门槛的城市为安庆、蚌埠、南宁、汕头、西宁、重庆，对于这 6 个城市来说，科技资金偏向于从边际收益低的城市流向边际收益高的城市，科技资金的流入可以弥补城市创新发展投入不足、分配不均等问题，对于城市创新绩效提升具有一定的促进作用。跨过第二门槛的有北京、常州、大连、东莞等 56 个城市，一方面这些城市本身创新基础较好，具有较强的创新资源禀赋，科技资金充足，科技资金流动整体占科技资金总量的比重较小；另一方面，随着科技流动资金规模的不断加大，科技流动资金的规模报酬递减，且科技成果转化及其产生的技术溢出效应存在一定的过程性和时滞性，因此对于创新绩效提升的影响不显著。

7.3　本章小结

本章以中国大陆 62 个主要城市为研究对象，运用改进的 DEA 模型测度出各城市的创新绩效水平，并在此基础上运用门槛回归模型分析在不同经济发展水平条件下区域协同创新对创新绩效的影响机制，主要得出了以下结论。

(1)通过对各个城市创新绩效进行分析，发现研究期内中国 62 个城市的整体创新绩效呈现出在波动中稳步提升的态势，由 2003 年的 0.624 上升到 2016 年的 0.684。与此同时，各城市创新绩效的空间异质性明显，从全国四大板块来看，东部地区、东北地区的城市创新绩效平均水平高于全国平均水平，中部地区、西部地区城市的平均创新绩效在研究末期低于全国平均水平。未来中西部地区在加强创新投入的同时，应进一步营造公平、法治、开放的创新环境，科学配置科技资源与创新要素，稳步提升创新绩效水平。

(2)在表征区域协同创新的 4 个核心解释变量中，科技论文合作数对区域创新绩效存在单门槛效应，专利合作数、科技人员流动量和科技资金流动量对区域创新绩效存在双门槛效应，即在不同经济发展水平区间内协同创新核心变量对创新绩效的影响程度和方向并不一致，说明区域创新绩效与协同创新核心解释变量之间确实存在着非线性关系，简单的线性关系并不能准确地表达出各个协同创新因素对区域创新绩效的影响。

(3)区域协同创新对于创新绩效的提升具有一定的促进作用，且不同协同创新要素在不同经济发展水平下对于创新绩效的提升作用也有所差异。专利合作数对区域创新绩效的影响呈现正向双门槛特征，科技论文合作数对区域创新绩效影响呈现正向单门槛特征，两者对区域创新绩效的影响都随着经济发展水平的提升而呈现不同程度的下降趋势。科技人员流动量和科技资金流动量对创新绩效的影响都随着经济发展水平的提高有大小和方向上的改变。其中，科技人员流动量在跨过经济发展水平第一门槛 10.088 时，科技人员流动量对创新绩效的促进作用最明显，而科技资金流动量在经济发展水平第一门槛 9.427 以下时对创新绩效的影响最显著。

（4）提升中国创新绩效水平，除注重优化配置城市内部的创新资源外，还应在制定提升城市创新绩效政策与科技资源管理的过程中，从创新要素流动、区域创新合作等方面综合考虑协同创新对于区域创新绩效的影响，在不同经济发展水平条件下制定不同的协同创新促进区域创新绩效策略。同时，积极打通城市之间的创新链条，加强城市之间的产学研合作，促进城市之间的产学研更加紧密融合，考虑周边城市的潜在影响，制定相邻城市之间的协同创新政策。

第8章 环境规制对长江经济带绿色创新绩效的影响研究

绿色技术创新因为能够有效降低环境污染排放、节约能源资源，成为有效解决当前资源环境问题，推动中国经济可持续发展的关键（张建清，等，2019）。绿色创新绩效作为衡量区域绿色创新发展水平的重要指标，代表单位科技创新投入对科技创新产出的贡献程度，是科技创新质量的绿色化指数（范斐，等，2016）。长期以来，环境资源的公共性和生态破坏的外部性使得单纯依靠市场机制来解决经济可持续发展问题变得十分困难（宋德勇，杨秋月，2019；丁绪辉，等，2019），绿色创新绩效独具的创新知识溢出正外部性和环境负外部性特征，导致单纯靠区域创新资源自主配置收效甚微，因此，实施合理有效的环境规制政策，通过环境规制弥补绿色技术创新双重外部性和提高绿色创新绩效，越来越成为解决生态环境问题、实现工业绿色转型的有效手段（张伟，等，2011；谢乔昕，2018）。

环境规制对创新的影响研究，目前主要存在两种既相互关联又相互对立的观点，一种是"制约假说"，认为企业技术创新会受到环境规制的制约（Jaffe 等，1995），即企业为实现社会收益而采取的环境规制政策会间接导致企业生产运营成本增加（Gollop，Roberts，1983）。另一种与"制约假说"相对立的观点是"波特假说"（Poter，1991），即适当的环境管制可能在短期内增加成本，但它能在长期内刺激企业进行技术创新，使企业的生产成本下降、产品质量得到提高，从而企业就会具备较大的竞争优势。通过对相关文献的梳理可以发现，关于环境规制与创新的研究，主要是围绕环境规制的内涵及种类、环境规制和企业创新之间的关系、环境规制促进企业创新的条件、环境规制下企业创新行为的选择来进行探讨（原毅军，陈喆，2019；Requate，2005；许士春，2007），在计量方法上主要是以下两种，一种是大部分文献认为两者之间是线性关系，环境规制促进技术创新或者抑制技术创新。还有小部分文献是从非线性的角度考虑的，运用门槛模型将环境规制二次项纳入模型（聂国卿，郭晓东，2018；景维民，张璐，2014），从而得出环境规制对技术创新造成的不同影响。这些研究大多以企业为研究对象，从微观视角探讨环境规制和技术创新的关系，较少从空间的宏观视角探索政府环境规制对于城市绿色技术创新的影响作用。在知识经济大背景之下，城市作为国家创新系统的空间载体地位日益突出（吕拉昌，李勇，2010；薛德升，等，2010），那么环境规制对于城市绿色创新绩效会造成怎样的影响？环境规制强度的不同是否会对城市绿色创新绩效的作用方向发生改变？这些问题都值得进一步研究与探讨。

污染避难所假说认为，环境标准相对宽松的国家会促进部分污染产业或企业从环境标准相对较高的国家流入，从而导致这些国家环境污染型产业的发展，并最终使成为污染避难所（Copeland，Taylor，2004）。由于国家和地区间产业梯度与势能的差异，国际贸易的自由流动必然将导致环境污染型产业不断从发达国家向发展中国家转移。中国相对于发达国家而言环境规制程度较低，因此一些研究也将中国设定为发达国家污染企业的避难所，进一步讨论中国区域环境规制的异质性对于企业迁入的影响（金刚，沈坤荣，2018）。例如，Bu等研究了美国跨国公司在中国不同省份间选址时，遵循竞次还是竞优原则问题（Bu，Wagner，2016）。另一方面，地方政府经常受到 GDP 锦标赛的压力，为了吸引更多的外商直接投资（FDI）发展经济而降低环境规制标准，在这个过程中，FDI 在环境规制对城市绿色创新绩效的影响中是否具有中介作用？这种中介作用是促进还是抑制了环境规制对城市绿色创新绩效的影响作用？因此，本章基于考虑非期望产出的 SBM 模型，在测度 2004—2018 年长江经济带 102 个沿线城市绿色创新绩效的基础上，加入 FDI 这一中介变量，构建"环境规制—外商直接投资—城市绿色创新"的中介效应检验模型，研究环境规制对城市绿色创新绩效影响的传导路径，并基于门槛回归模型，综合考察环境规制在不同 FDI 发展水平下对长江经济带沿线城市绿色创新绩效的影响机制。

8.1 模型与数据来源

8.1.1 模型构建

（1）考虑非期望产出的 SBM 模型

借鉴 Tone（2002）构造的效率评价模型（Slack-based Measure，SBM），该模型对忽略松弛变量、随机误差项和外部环境对效率影响问题的传统 DEA 模型进行了改进，使得创新活动中产生的非期望产出问题得到了很好的解决，同时实现了有效决策单位效率大小的区分。其数学表达式为：

$$\rho^* = \min\rho = \min \frac{1 - \left(\frac{1}{N} \sum_{n=1}^{N} \frac{S_n^x}{x_n^k} \right)}{1 + \left[\frac{1}{M+I} \left(\sum_{m=1}^{M} \frac{S_m^y}{y_m^k} \right) + \sum_{i=1}^{I} \frac{S_i^b}{b_i^k} \right]} \tag{8-1}$$

约束条件:

$$\begin{cases} \sum_{k=1}^{K} z_k^y y_m^k - s_m^y = y_m^k, \ m = 1, \cdots, M; \\ \sum_{k=1}^{K} z_k^b b_i^k + s_i^b = b_i^k, \ i = 1, \cdots, I; \\ \sum_{k=1}^{K} z_k^x x_n^k + s_n^x = x_n^k, \ n = 1, \cdots, N; \\ z_k^i \geq 0, \ s_m^y \geq 0, \ s_i^b \geq 0, \ s_n^x \geq 0, \ k = 1, \cdots, K。 \end{cases} \tag{8-2}$$

式(8-2)中,s_m^y、s_i^b、s_n^x 表示投入、产出的松弛变量,y_m^k、b_i^k、x_n^k 表示绿色创新投入、绿色创新期望产出以及绿色创新非期望产出,N、M、I 分别代表其个数;ρ^* 表示绿色创新绩效值;z_k^y、z_k^b、z_k^x 分别表示各投入产出值的权重;当 $\rho^* = 1$,决策单元完全有效;当 $\rho^* < 1$,决策单元存在效率损失。

(2)中介效应模型

借鉴温忠麟等(2004)归纳的中介效应模型,采用层级回归分析的方法,分别建立环境规制对绿色创新绩效、环境规制对外商直接投资、环境规制和外商直接投资对绿色创新绩效的回归模型,具体如下所示:

$$GIE = \alpha_0 + \alpha_1 ER + \alpha Control + \varepsilon_1 \tag{8-3}$$

$$FDI = \beta_0 + \beta_1 ER + \beta Control + \varepsilon_2 \tag{8-4}$$

$$GIE = \delta_0 + \delta_1 ER + \delta_2 FDI + \delta Control + \varepsilon_3 \tag{8-5}$$

式中,GIE 为长江经济带各城市的绿色创新绩效,α_1 表示环境规制影响城市绿色创新绩效的总效应,ER 是熵值法算出的环境规制指数,FDI 为各个城市的外商直接投资总额,代表了 FDI 集聚的程度,Control 表示本章中的控制变量。若 β_1 和 δ_2 都显著时,δ_1 不显著即说明 FDI 集聚在环境规制与城市绿色创新绩效之间存在完全中介效应;δ_1 显著则意味着发挥部分中介作用;若 β_1 和 δ_2 至少有一个不显著,那么需要通过 Sobel 检验继续验证中介作用是否成立。

(3)门槛效应模型

为进一步探讨长江经济带环境规制、FDI 与城市绿色创新绩效的非线性作用机制,即验证环境规制与城市绿色创新绩效之间是否存在基于 FDI 的门槛效应,本章借鉴 Hansen(1999)提出的非线性面板门槛模型,首先设定传统的单一门槛回归模型:

$$Y_{it} = \alpha X_{it} + \beta_1 d_{it} I(T_{it} \le \delta) + \beta_2 d_{it} I(T_{it} > \delta) + C + \varepsilon_{it} \qquad (8\text{-}6)$$

式(8-6)中，Y_{it} 为第 i 个地区第 t 年的被解释变量，X 为控制变量，d_{it} 为核心解释变量，T 为门槛变量外商直接投资总额，δ 为门槛值，α 为 X_{it} 对 Y_{it} 的影响系数，β_1 和 β_2 表示 $T_{it} \le \delta$、$T_{it} > \delta$ 时 d_{it} 对 Y_{it} 的影响系数，ε_{it} 为随机扰动项，$I(\cdot)$ 为指示性函数，I 的取值即外商直接投资总额取决于括号里的条件是否成立，对应的条件成立时取值为 1，否则取值为 0。式(8-6)也可以写为：

$$Y_{it} = \begin{cases} \alpha X_{it} + \beta_1 d_{it} I(T_{it} \le \delta) + C + \varepsilon_{it}, & T_{it} \le \delta \\ \alpha X_{it} + \beta_2 d_{it} I(T_{it} > \delta) + C + \varepsilon_{it}, & T_{it} > \delta \end{cases} \qquad (8\text{-}7)$$

式(8-6)和式(8-7)仅仅假设存在一个门槛，但是有可能会存在两个及两个以上门槛，限于篇幅原因，二重及二重以上门槛检验不再赘述。

8.1.2 指标说明

本章的被解释变量是城市绿色创新绩效，绿色低碳视角下的城市创新效率可以从创新投入、期望产出、非期望产出三个方面测度(杨树旺，等，2018)。创新投入是进行科技创新活动的基础和前提，借鉴已有研究(范斐，等，2013；范斐，等，2020)，选取科学研究、技术服务人员数(万人)、地方财政科学技术支出(万元)、固定资产投资(万元)和互联网宽带接入户数(万户)等指标分别代表创新活动投入指标；选取检索科研论文总数(篇)、检索三大专利申请数(件)代表科技创新过程中的期望产出；选取工业废水排放量(万吨)、工业烟(粉)尘排放量(吨)、工业二氧化硫排放量(吨)等指标代表绿色低碳生活背景下创新活动的非期望产出。

核心解释变量是环境规制，借鉴黄建欢等(2018)以及李玲和陶峰(2012)的指标构建方法，基于工业二氧化硫去除率(%)、生活污水处理率(%)和工业固体废弃物综合利用率(%)3 个指标，应用熵值法构建综合指数表征环境规制强度，指数越大(小)意味着污染物排放越少(多)。用 FDI 集聚表征中介变量，使用外商直接投资总额(万美元)的对数来衡量。城市绿色创新绩效的高低受城市发展情况、科技政策以及创新氛围等因素的影响，因此选取第二产业占 GDP 的比重(%)、人均 GDP(万元)、教育支出(亿元)、社会消费品零售总额(亿元)、就业人数(万人)、人均道路面积(平方米)等作为控制变量。

8.1.3 数据来源及处理

基于数据的可得性和连续性，将长江经济带 108 个城市中数据严重缺失的(包括宣城市、娄底市、资阳市、安顺市、临沧市、赣州市、毕节市、铜仁市)剔除,最终得到 102 个城市 2004—2018 年的数据,期望产出中科技论文的检索数量(篇)由中文和英文论文组成,中文论文数量来源于中国知网(CNKI),英文论文数量来源于 Web of Science(WOS),三大专利申请数(件)根据《中国专利全文数据库(知网版)》检索得到,其中少数指标数据缺失值采用直线插值法补全,其余指标数据来源于《中国城市统计年鉴》(2005—2019年)。

8.2　实证结果及分析

8.2.1　长江经济带各城市绿色创新绩效

利用 Max-DEA 软件测度 2004—2018 年长江经济带 102 个城市的绿色创新绩效,将长江经济带 102 个城市的绿色创新绩效的取值范围按照四等位划分为4 个等距离的区间,第一区间为(0.75,1]、第二区间为(0.5,0.75]、第三区间为(0.25,0.5]、第四区间为(0,0.25],2004 年与 2018 年长江经济带的城市绿色创新绩效空间分布表如表 8-1 所示。

表 8-1　**2004 年与 2018 年长江经济带的城市绿色创新绩效空间分布表**

城市绿色 创新绩效	省份	
	2004 年	2018 年
第一区间	上海、江苏(1)、浙江(1)、安徽(3)、湖南(2)、四川(1)、云南(2)	上海、江苏(4)、浙江(6)、安徽(3)、江西(1)、湖北(1)、湖南(2)、重庆、四川(2)、云南(1)
第二区间	江苏(4)、安徽(4)、江西(1)、湖北(5)、湖南(1)、重庆、四川(6)、贵州(1)、云南(2)	江苏(7)、浙江(4)、安徽(7)、江西(1)、湖南(1)、四川(3)、云南(1)
第三区间	江苏(6)、浙江(8)、安徽(7)、江西(4)、湖北(5)、湖南(5)、四川(9)、贵州(2)、云南(4)	江苏(2)、浙江(1)、安徽(5)、江西(8)、湖北(8)、湖南(5)、四川(12)、贵州(3)、云南(4)
第四区间	江苏(2)、浙江(2)、安徽(1)、江西(5)、湖北(1)、湖南(4)、四川(1)、贵州(1)	湖北(2)、湖南(4)、云南(1)

在时间维度上，长江经济带平均城市绿色创新绩效由 2004 年的 0.441 上升到 2018 年的 0.522，相较于研究基期来说，平均绿色创新绩效增加了 18.449%。从表中可以看出，从 2004—2018 年，位于第一区间的城市个数由 2004 年的 11 个增加到 2018 年的 21 个，位于第二区间和第三区间的城市个数基本没有变化，处于第四区间的城市个数有了显著减少，由 2004 年的 17 个城市减少到 2018 年的 8 个城市。在研究期间，长江经济带的绿色创新绩效整体上有所提高，但是第一区间内城市占比依然较小，仅占全部所研究样本的 20.588%，第三区间的城市个数占据较大比例，绿色创新绩效依然很低，这在一定程度上也说明，长江经济带创新驱动战略虽然初见成效，但大多数城市的绿色创新绩效有待进一步的提升。

根据各城市所属的省、市、区，将长江经济带 9 省 2 市划分为长江上游、长江中游、长江下游三大区域，并计算三大区域城市的平均绿色创新绩效。在空间维度上，长江经济带绿色创新绩效表现出较强的空间非均衡性。长江上游的平均绿色创新绩效由研究基期的 0.482 变为研究末期的 0.481，长江中游的平均绿色创新绩效由研究基期的 0.395 变为研究末期的 0.395，长江下游的平均绿色创新绩效由研究基期的 0.450 变为研究末期的 0.659，长江上游和长江中游平均绿色创新绩效基本保持动态平衡，长江下游的平均绿色创新绩效有了很显著的提升，相较于研究基期，增长了大约 46.23%。在研究基期，较低绿色创新绩效城市广泛分布于长江上、中、下游地区，较高绿色创新绩效城市主要分布在长江中游地区，到了研究末期，较低绿色创新绩效城市主要分布在长江上游和长江中游地区，较高绿色创新绩效城市主要集中于长江下游地区。

8.2.2 中介效应结果及分析

首先对模型进行了 Hausman 显著性检验，结果表明拒绝原假设，因此选择固定效应模型进行分析，计量模型面板数据回归分析的估计结果如表 8-2 所示。

表 8-2 中介效应回归结果

被解释变量	模型（1） GIE	模型（2） FDI	模型（3） GIE
环境规制（Er）	0.038[*] （1.79）		0.036[*] （1.70）

被解释变量	模型（1） GIE	模型（2） FDI	模型（3） GIE
外商直接投资（Fdi）		-0.219* (-1.73)	-0.011** (-2.12)
二产占比（Indus）	-0.006*** (-6.54)	0.026*** (4.73)	-0.006*** (-6.17)
人均 GDP（Pergdp）	-0.020* (-1.96)	0.061 (1.02)	-0.190* (-1.90)
教育支出（Edu）	-0.384*** (-3.55)	-1.747*** (-2.71)	-0.403*** (-3.72)
消费品零售总额（Consum）	-0.065*** (-3.07)	0.287** (2.27)	-0.062*** (-2.91)
就业人数（Person）	0.015 (0.87)	-0.248** (-2.40)	0.012 (0.71)
人均道路面积（Road）	0.318* (1.96)	0.117 (1.21)	0.033** (2.04)
C	1.026*** (5.83)	6.287*** (5.99)	1.095 (6.13)
R^2	0.243	0.504	0.246
F 值	22.07***	19.47***	21.89***

注：上角标 ***、**、* 分别表示在 1%、5%、10%的显著性水平显著，括号内为相应的 t 值。

从模型（1）回归结果可知：环境规制的系数为 0.038>0，在 10%的显著性水平上通过检验，充分说明环境规制力度加强能够显著地促进长江经济带沿线城市绿色创新绩效，长江经济带各城市环境规制力度越强，则越有利于该城市进行绿色创新。模型（2）中，代表长江经济带沿线各城市 FDI 作为被解释变量，此时环境规制的系数为-0.219<0，在 10%的显著性水平上通过检验，能够在一定程度上说明环境规制力度的加强在一定程度上会抑制长江经济带 FDI 的流入。最后，将环境规制、FDI 同时作为解释变量放入模型（3）中对长江经济带沿线城市绿色创新绩效进行回归，前者的系数是 0.036，依然显著为正，

并且在10%的水平上通过显著性检验，后者的系数为-0.011，仍然显著为负，并且在5%的水平上通过显著性检验。与模型(1)相比，此时环境规制的系数有所降低。这是因为：模型(1)中系数 α_1 是环境规制对城市绿色创新绩效作用的总效应，不仅包含环境规制对城市绿色创新绩效的直接效应，也包含它通过中介变量——FDI对沿线城市绿色创新绩效的间接效应，而模型(3)中由于加入了FDI，此时环境规制对长江经济带沿线城市绿色创新绩效的影响部分被FDI所表现，因此导致模型(3)中环境规制的系数大小有所下降。依照温忠麟等归纳的中介效应检验方法得出：FDI在长江经济带沿线城市环境规制和城市绿色创新绩效的关系中发挥了显著的部分中介作用。

使用公式 $\beta_1\delta_2$ 和 $\beta_1\delta_2/(\delta_1 + \beta_1\delta_2)$ 来计算中介效应的大小和强度，以探究环境规制对长江经济带沿线城市绿色创新绩效的影响多大程度是通过FDI集聚所反映。其中 $\beta_1\delta_2$ 反映间接影响长江经济带沿线城市绿色创新绩效的边际大小，计算结果为0.0024，即环境规制力度每增加1个单位，将引起FDI集聚降低0.219个单位，进而导致长江经济带沿线城市绿色创新绩效增加0.0024个单位；而 $\beta_1\delta_2/(\delta_1 + \beta_1\delta_2)$ 代表了总效应中间接效应的比例，它反映了中介效应的强度，计算结果是6.27%，说明环境规制对长江经济带沿线城市绿色创新绩效的促进作用中有6.27%的部分是通过限制FDI流入来实现的。

8.2.3 门槛效应检验

利用Stata13软件对核心解释变量进行检验，其中抽样方法为"Bootstrap"方法，Bootstrap次数为300次。门槛的检验与估计结果，具体如表8-3所示。

表8-3 门槛的检验与估计结果

被解释变量	单一门槛	双重门槛	三重门槛
F 值	12.160***	50.663***	11.045*
P 值	0.007	0.000	0.017
δ_1	—	8.293	—
δ_2	—	11.695	—
δ_1 的置信区间	—	(6.304, 8.648)	—
δ_2 的置信区间	—	(11.407, 12.699)	—

注：***、**和*分别表示在1%、5%和10%的水平下显著。

由表 8-3 可知，FDI 门槛变量分别在 1%、1% 和 10% 的显著性水平下通过检验，但是三门槛的门槛变量与其他门槛共线，不符合要求，被剔除，因此判断以 FDI 为门槛变量存在两个门槛值，说明环境规制对长江经济带沿线城市绿色创新绩效的影响存在基于 FDI 的显著双门槛效应。

表 8-4　　　　　　　　　　　门槛模型回归结果

变量	模型 4 绿色创新绩效	变量	模型 4 绿色创新绩效
$X(T_{it} < \delta_1)$	0.126*** (3.79)	教育支出(Edu)	−0.009 (−1.25)
$X(\delta_1 < T_{it} < \delta_2)$	−0.063*** (−2.87)	消费品零售总额($Consum$)	−0.056*** (−4.19)
$X(T_{it} < \delta_3)$	0.0535* (1.66)	就业人数($Person$)	0.039*** (2.65)
二产占比($Indus$)	−0.004*** (−5.53)	人均道路面积($Road$)	0.150*** (11.40)
人均 GDP($Pergdp$)	−0.013 (1.47)	C	−0.258*** (−2.66)

注：括号内为 t 值，*、**、*** 分别表示在 10%、5%、1% 的水平下显著。

由表 8-4 的估计结果可知，环境规制在不同的 FDI 发展水平下对长江经济带沿线城市绿色创新的影响存在显著的双门槛效应，当外商直接投资总额在第一门槛值 8.293（即外商直接投资小于 3995.804 万美元）以下时，环境规制对城市绿色创新绩效的弹性系数为 0.126，这可能是因为，在经济发展初期，外商直接投资规模较小，FDI 主要是通过技术溢出效应促进长江经济带沿线城市技术水平的提升，这在一定程度上抑制了长江经济带的环境污染；当外商直接投资总额在第一门槛值 8.293 和第二门槛值 11.695 之间（即外商直接投资处于 3995.804 万~119970.361 万美元之间）时，环境规制对长江经济带沿线城市绿色创新绩效的作用方向发生改变，弹性系数变为 −0.063，这可能是因为，长江经济带沿江地区为了促进经济的发展，大规模引进外资，降低环境规制标准，从而吸引了较多的高污染行业，特别是长江中上游地区引进的外资主要集中于技术相对落后的中低端行业，不利于技术转化，进而抑制了长江经济带城市的绿色创新绩效；当外商直接投资总额超过第二门槛 11.695(即外商直接投资大于 119970.361 万美元)时，环境规制对长江经济带城市绿色创新绩效的作用方向又由负转正，弹性系数为 0.054，这可能是因为随着长江经济带经济发展水平的不断提升，为了保持经济发展和环境保护的动态平衡，长江经济带沿线地区出台了一系列的措施限制一部分污染型行业外资的流入，在外资引进上更倾向于引进那些科技含量、技术水平俱佳的高质量外资，这有效地促进了长江经济带各城市的绿色创新绩效。

8.3 本章小结

本章利用考虑非期望产出的 SBM 模型测算了 2004—2018 年长江经济带 102 个城市的绿色创新绩效，以直接利用外资总额为切入点，构建了"环境规制—FDI—绿色创新绩效"的中介效应检验模型，讨论了 FDI 在环境规制对长江经济带沿线城市绿色创新绩效影响机制中的中介效应，并探究了在不同 FDI 投资区间内，环境规制对长江经济带沿线城市绿色创新绩效造成的不同影响，主要结论如下：

(1)研究期内，长江经济带平均城市绿色创新绩效逐步上升到研究末期的 0.522，整体虽然有所进步，但沿江大多数城市的绿色创新绩效有待进一步的提升。长江经济带 102 个城市的绿色创新绩效存在较大的空间非均衡性，长江上游和长江中游的平均绿色创新绩效基本保持稳定，长江下游的平均绿色创新绩效呈现出不断上升的趋势。较低绿色创新绩效城市主要分布在长江上游和长江中游，较高绿色创新绩效城市主要集中于长江下游地区。这可能是因为长江下游地区更靠近东部沿海地区，其地理区位、人才和资金各方面优于长江上游和中游，使长江下游的综合实力更雄厚，从而促使了长江下游的绿色创新绩效高于长江上中游地区。

(2)根据中介效应模型层级回归结果，环境规制综合指数对长江经济带各城市绿色创新绩效具有显著的促进作用。说明地方政府加强环境规制力度能够促进长江经济带城市绿色创新绩效，这一结果说明生态环境保护与城市创新能够达到双赢状态，在一定程度上证明了"波特假说"在中国城市层面的适用性。中介效应检验结果表明：FDI 在长江经济带环境规制和城市绿色创新的关系中发挥显著的部分中介作用，即环境规制对城市绿色创新的部分影响是通过抑制一部分污染型行业外资的流入来实现长江经济带绿色创新绩效的提高。

(3)门槛模型的验证结果显示，环境规制对于长江经济带城市的绿色创新具有基于 FDI 的双门槛特征，在第一个门槛值拐点 8.293 前后，环境规制对城市绿色创新的作用由正向促进变为负向抑制，而在第二个门槛值拐点 11.695 前后，环境规制对城市绿色创新的作用方向由负变正。这说明外商直接投资规模的不同，会影响长江经济带沿线城市的绿色创新绩效，因此，可以根据环境规制在不同 FDI 区间内对城市绿色创新绩效的作用方向不同，针对沿江城市不同的资源禀赋和环境条件，出台更具有针对性的吸引外资措施，促进城市绿色创新绩效的稳步提升，通过绿色发展与创新发展的深度融合，探究促进长江经济带高质量发展的新路径。

第9章　结论与对策

本书在综合梳理区域与城市创新绩效国内外最新研究现状的基础上，根据科技资源的内涵与结构，利用全国 286 个城市 2003—2017 年科技资源的相关数据，应用改进的数据包络分析方法（DEA）计算出各城市在不同时期的创新绩效，并分析其时空演化趋势，揭示城市层级对中国城市创新绩效的影响机制，以及高铁建设与城市形态对于城市创新绩效的影响。在此基础上，将环境约束的异质性引入中国省级区域创新绩效的分析中，构建在固定规模报酬下考虑非期望产出的 SBM 模型，对比在不考虑非期望产出与考虑非期望产出两种情况下的中国省际创新绩效时空分异，并引入空间 Durbin 模型分析区域创新绩效的空间溢出效应及其影响因素，并运用门槛回归模型分析在不同经济发展水平条件下区域协同创新对创新绩效的影响机制，最后构建中介效应模型实证分析外商直接投资在环境规制对绿色创新绩效影响的中介效应，并基于门槛回归模型，综合考察环境规制在不同 FDI 发展水平下对长江经济带沿线城市绿色创新绩效的影响机制。

9.1　主要结论

9.1.1　中国城市创新绩效的时空分异

从利用改进的 DEA 模型计算结果来看，广大中西部地区的城市创新绩效日益减少，导致 2003—2017 年全国城市的创新绩效一直呈现出下降趋势，并致使东部地区与中西部地区的创新绩效差距逐渐扩大。然而，由于广大中西部地区处于创新绩效的低水平发展阶段，创新绩效具有较大的边际效应，因此应该逐步加大其科技资源的投入力度，改进区域经济、产业结构与科技资源利用方式，大力优化科技创新环境，通过提升创新绩效以真正实现地方经济的创新驱动与可持续发展。可以预期的是，未来随着广大中西部地区向科技资源配置的高投入、高产出方向转变，其创新绩效将得到稳步提高，全国城市的创新绩效也将有实质性的提升。

从空间上来看，各城市的创新绩效分布并不均匀，基本呈现东、中、西依次递减的分布格局，处于创新绩效高级与较高级阶段的城市呈现群状分布，与中国正在形成的 23 个城市群呈现出较好的拟合状态。通过对比研究期内各城市创新绩效与人均 GDP 发展水平，发现经济发展与创新绩效呈现出一定的正相关关系，然而却不是影响创新绩效提高的唯一要素，具体的地理位置、人口规模、科技资源禀赋以及科技环境等因素也对创新绩效有一定的影响。从创新型城市创新绩效的空间分布来看，北京市创新绩效远远优于其他创新型城市，深圳、广州和南京等东南地区发展较快的城市形成了高水平的创新绩效集聚，而其他省会城市、计划单列市及经济发展较快的城市形成了中等水平的创新绩效集聚，其他几个创新绩效较低的城市的空间分布则较为分散。

9.1.2 城市层级对中国城市创新绩效及创新集聚的影响

本部分以中国 280 个地级以上城市为研究对象，对城市层级与创新绩效之间的关系进行系统研究，通过双向固定效应模型，实证分析城市层级对创新绩效及创新集聚的影响作用，并利用面板门槛模型估计城市层级与创新绩效及创新集聚之间的非线性关系，探讨不同城市层级对于创新绩效和创新集聚的阶段性特征，主要得出了以下结论。

中国城市层级的提升能够显著促进创新绩效。格兰杰因果检验结果显示城市层级是城市创新绩效的前提要件，但反过来并不成立。这意味着城市要成为区域创新高地的前提条件是要先要跃升为区域中心城市，只有大城市才能更好地促进创新绩效，而即使提高中小城市的创新投入也并不能很好地促进其城市层级的跃升。城市层级对创新绩效的促进作用存在区域异质性，东北地区城市层级的提升对创新绩效促进作用相较其他地区最大，其次为东部地区、西部地区和中部地区。创新型城市和非创新型城市层级的提升对城市创新绩效的影响均存在显著的促进作用，创新型城市的城市层级提升对创新绩效的促进作用大于非创新型城市。同时，基于微观样本数据的实证结果显示，城市层级的提升同样会促进城市上市公司专利授权数的增加。

城市层级与创新绩效之间存在着非线性关系，分别利用城市夜间灯光亮度值、地区生产总值和人口总数作为城市规模的代理变量进行门槛回归，结果显示夜间灯光亮度值和 GDP 具有单门槛特征，人口总数呈现出双门槛特征。这说明城市规模结构不合理，会造成创新绩效的损失。城市只有达到一定的规模，城市层级对于创新绩效的影响才更显著，城市才具有更好的创新辐射能力，区域创新中心需要有相应的城市经济实力予以支撑。

中国城市的创新空间结构与城市层级基本吻合，城市规模越大，所处等级越高，则所能够集聚的创新资源越多。按城市层级指标体系和创新集聚指标体系分别衡量城市层级和创新集聚，计量结果显示城市层级的提升能够显著提高创新集聚。基于因果关系检验发现，城市层级的变动是能够引起创新集聚变动的原因，虽然创新集聚对城市层级也有正向且显著的因果关系，但无论从经济学还是统计学的角度来说，该关系不具有实质性意义。由于城市等级与创新集聚密切相关，城市等级越高人力资本越密集、服务业体系越完善，创新活动更频繁且商业化易于实现，而城市层级的提升有助于创新集聚，创新集聚又有着规模效应，因此创新活动与城市等级相匹配，对于国家而言应当发挥高层级城市作用，促进要素在高层级城市的进一步投入。创新资源高度集聚的高层级城市应责无旁贷地承担创新活动的大部分责任，例如北京、上海等特大城市应更加关注基础科学研究、重大关键技术攻关。

创新空间结构与城市层级的异质性体现为高层级城市创新资源更集中，从回归系数值大小来观察，城市层级对金融集聚的影响程度随分位点的右移基本呈现不断下降的规律，在1%、5%、10%分位数回归的估计系数显著大于其他估计系数。城市规模对创新集聚的影响具有非线性特征，当城市规模到达一定临界点后，其对创新聚集的影响呈显著强化趋势，因此，若想成为创新中心，需要先攀升城市层级。城市层级、创新效率和城市建设用地面积对创新集聚具有正向双门槛效应，城市斑块密度对创新集聚具有负向单门槛效应。随着中国城市层级的提升，可以有效促进创新集聚，随着城市经济发展水平的提高，城市层级对于创新资源的集聚作用越来越明显。处于金字塔顶层的城市对于创新资源的虹吸效应更加明显，城市只有达到一定的规模层次才能具有广泛的创新辐射力，创新中心需要有相应的实体经济实力予以支撑。城市层级、创新效率和城市建设用地面积等主要核心解释变量对创新集聚的促进作用随着城市层级的提升而不断增强，具有一定的规模经济作用。

9.1.3 高铁建设对城市创新绩效的影响

本部分采用中国 280 个城市的面板数据，通过引入 Time-Varying DID 方法，实证检验了高铁建设对创新绩效的影响，并进一步检验了城市形态这一地理特征在其中的中介效应，主要得出了以下结论：

在基本回归之前，首先进行了平行趋势检验，结果表明处理组和控制组在政策实施之前具有相同的发展趋势，从而保证了 DID 方法的科学性与准确性。

在基准回归中，本章使用了包含年份固定效应与城市固定效应的 Time-Varying DID 模型，结果发现高铁开通显著提升了城市的创新效率。因此，应充分认识到高铁对区域创新活动的提升作用，因地制宜地推动高铁建设，努力加快高铁建设与本地区经济社会发展环境的深度融合。积极推进城市高铁建设，提升路网密度，从而发挥高铁建设在科技创新体系和创新网络中的积极作用。特别是目前高铁建设相对落后、路网密度较低的城市应该重视本地区高铁的规划与建设。但高铁开通可能会提升其优质资源流失的风险，因此这些地区要不断提高自身综合优势，营造更加良好的创新环境，提高要素报酬，以此吸引更加优质的创新要素进入。

　　分别基于不同创新衡量方式和不同回归方法进行了稳健性检验。结果表明高铁开通与创新之间存在显著的正相关关系，同时我们验证发现了知识溢出是高铁开通促进创新的一个重要渠道。分别引入 OLS 方法、不含年份固定效应的面板模型和高维固定效应模型的分析结果，也与基准回归结果保持一致。这进一步验证了研究结果的稳健性与准确性。这说明 HSR 不仅能提高区域创新效率，也能实现例如专利等创新成果的出现，以及创新人才的区域间流动与科研水平的提升。因此，要强化高铁沿线城市间的分工合作与协同联动，实施差异化的区域创新发展策略。高铁网络下优化创新资源配置要重视创新活动的内在组织规律，因地制宜优化学科和研发空间布局，以避免创新资源空间错配。对于具有较强创新能力的大型城市，要充分利用高铁对高技术人才和创新资本的集聚作用，集中创新资源强化基础研究和原始创新，使其成为创新的动力源和溢出源；对于创新能力较弱、创新环境有待提高的沿线中小城市，应重点考虑如何借助高铁增强与中心城市联动发展，在技术转化和产业化方面集聚创新资源，形成区域创新空间梯度。

　　在以往研究高铁建设影响创新的文献中，城市的地理特征鲜有被考虑进去。故本章重点考察了以城市形态衡量的地理特征的中介效应。研究结果表明，城市形态对于 HSR 影响创新效率具有显著的中介效应，其中 FD 的中介效应占总效应的比例约为 34.8%，LPI 和 PD 则约为 34.8%。因此在设计高铁线路空间布局时要充分考虑不同城市的城市形态的差异性。由于前期规划影响，很多城市的高铁站点远离城市中心，由此导致内外交通转换不畅，极大制约了高铁正向效应的发挥。因此，在强调融入全国高铁网络的同时，要更加重视与跨区域高铁连接和转换的城市内部交通质量，强化内外交通的互联互通。加强城市重点交通枢纽和城市功能的有机结合，实施高铁站场及毗邻地区土地综合开发利用，降低高铁与城市交通换乘的时间和空间成本，加速创新要素集聚与扩散。从高铁加速人力资本迁移的角度看，具有人才吸引力的高铁沿线城市将获得更大发展机会。因此，要在高铁网络下提升对接高铁的城市公共服务质量和可及性，在此基础上着力打造多样化、包容性的城市生活环境，以更宜居、宜业的地方品质和发展环境吸引多样化高技术人才向本地转移，促进本地知识溢出，提高城市创新活力。

9.1.4 环境约束下区域创新绩效的空间溢出效应

本部分将环境约束的异质性引入中国省级区域创新绩效的分析中，构建在固定规模报酬下考虑非期望产出的 SBM 模型，对比在不考虑非期望产出与考虑非期望产出两种情况下的中国省际创新绩效时空分异，并引入空间 Durbin 模型分析区域创新绩效的空间溢出效应及其影响因素。结果表明：

总体上看，区域创新绩效空间分布格局的非均衡性特征较为明显，省级区域不考虑非期望产出情况的创新绩效要比考虑非期望产出情况时较大，但两种情况下区域创新绩效水平整体偏低，具有较大发展潜力与发展空间。从空间 Durbin 模型回归结果可以看出，在不考虑非期望产出与考虑非期望产出两种情况下，空间自回归系数 ρ 分别为 0.125 与 0.261，都在 1% 的水平上显著，说明中国省级区域的创新绩效存在空间溢出效应。通过测算各省级区域直接效应、间接效应与总效应反映解释变量对创新绩效的影响，在两种情况下，财政科技支出、技术市场成交额、教育经费支出三个因素对于创新绩效具有显著正影响，加大科技、教育经费的投入力度，增加新产品的研发强度，扩大技术市场成交额对于提升创新绩效效果明显。

与不考虑非期望产出的情况相比，考虑非期望产出污染治理投入因素对创新绩效的影响由正的不显著影响变成显著正影响，建成区绿色覆盖率由负的不显著影响变为正的不显著影响，城镇化率与第三产业占 GDP 比重分别由负的与正的不显著影响变为显著正影响，公路密度由正的不显著影响变为负的不显著影响，劳均 GDP 由显著正影响变为正的不显著影响。可见，不考虑非期望产出的创新绩效更多地强调了劳均 GDP 等经济发展水平因素对于创新绩效的影响，忽略了环境因素与市场化因素对于创新绩效的影响，考虑环境约束下的创新绩效的测度更能准确反映区域创新绩效的相对演化趋势。因此，未来应积极推动创新发展与绿色发展的深度融合，围绕国家战略和社会关注，如落实《加强大气污染防治科技支撑工作方案》，突出重点地区雾霾成因、源头治理、节能减排、健康影响等科研工作，加快推广应用新能源和电动汽车等先进技术。

9.1.5 区域协同创新对创新绩效的影响机制

区域协同创新有利于促进区域间创新要素流动，优化科技资源的合理配置，提升区域创新绩效。本部分运用门槛回归模型分析在不同经济发展水平条件下区域协同创新对创新绩效的影响机制，主要结论有：

分析各个城市的创新绩效发现，2003—2016 年中国 62 个城市的整体创新绩效呈现出在波动中稳步提升的态势。与此同时，各城市创新绩效的空间异质性明显。从地区上看，东部地区、东北地区的城市创新绩效平均水平高于全国平均水平，中部地区、西部地区城市的平均创新绩效在研究末期低于全国平均水平。

通过检验不同协同创新衡量方式对区域创新绩效的门槛效应发现，区域创新绩效与协同创新核心解释变量之间确实存在着非线性关系。区域协同创新对于创新绩效的提升具有一定的促进作用，且不同协同创新要素在不同经济发展水平下对于创新绩效的提升作用有所差异。专利合作数对区域创新绩效的影响呈现正向双门槛特征，科技论文合作数对区域创新绩效影响呈现正向单门槛特征，两者对区域创新绩效的影响都随着经济发展水平的提升而呈现不同程度的下降趋势。科技人员流动量在跨过经济发展水平第一门槛 10.088 时对创新绩效的促进作用最明显，而科技资金流动量在经济发展水平第一门槛 9.427 以下时对创新绩效的影响最显著。

9.1.6 环境规制对长江经济带绿色创新绩效的影响研究

本部分在构建中介效应模型实证分析外商直接投资在环境规制对绿色创新绩效影响过程中发挥的中介效应，并基于门槛回归模型，综合考察环境规制在不同 FDI 发展水平下对长江经济带沿线城市绿色创新绩效的影响机制。研究结果表明：

研究期内，长江经济带平均城市绿色创新绩效逐步上升到研究末期的0.522，整体虽然有所进步，但沿江大多数城市的绿色创新绩效有待进一步的提升。长江经济带 102 个城市的绿色创新绩效存在较大的空间非均衡性，长江上游和长江中游的平均绿色创新绩效基本保持稳定，长江下游的平均绿色创新绩效呈现出不断上升的趋势。较低绿色创新绩效城市主要分布在长江上游和长江中游，较高绿色创新绩效城市主要集中于长江下游地区。这可能是因为长江下游地区更靠近东部沿海地区，其地理区位、人才和资金各方面优于长江上游和中游，使长江下游的综合实力更雄厚，从而促使了长江下游的绿色创新绩效高于长江上中游地区。

根据中介效应模型层级回归结果，环境规制综合指数对长江经济带各城市绿色创新绩效具有显著的促进作用。说明地方政府加强环境规制力度能够促进长江经济带城市绿色创新绩效，这一结果说明生态环境保护与城市创新能够达到双赢状态，在一定程度上证明了"波特假说"在中国城市层面的适用性。中介效应检验结果表明：FDI 在长江经济带环境规制和城市绿色创新的关系中发挥显著的部分中介作用，即环境规制对城市绿色创新的部分影响是通过抑制一部分污染型行业外资的流入来实现长江经济带绿色创新绩效的提高。

门槛模型的验证结果显示，环境规制对于长江经济带城市的绿色创新具有基于 FDI 的双门槛特征，在第一个门槛值拐点 8.293 前后，环境规制对城市绿色创新的作用由正向促进变为负向抑制，而在第二个门槛值拐点 11.695 前后，环境规制对城市绿色创新的作用方向由负变正。这说明外商直接投资规模的不同，会影响长江经济带沿线城市的绿色创新绩效，因此，可以根据环境规制在不同 FDI 区间内对城市绿色创新绩效的作用方向不同，针对沿江城市不同的资源禀赋和环境条件，出台更具有针对性的吸引外资措施，促进城市绿色创新绩效的稳步提升，通过绿色发展与创新发展的深度融合，探究促进长江经济带高质量发展的新路径。

9.2 对策分析

9.2.1 坚持创新驱动与绿色低碳协调发展

本研究对于提升环境约束下的区域绿色科技资源配置效率，优化区域绿色科技资源配置，推进国家创新驱动战略与生态文明战略的深度融合，是一次较为有益的理论探索。未来应深入贯彻党的十九大及二中、三中、四中、五中、六中全会精神，牢固树立五大发展理念，坚持创新驱动、转型发展，构建科学合理的科技资源管理体系和配置机制，引导科技资源的合理流动和充分有效利用，集中有限的资源投入优先发展或重点培育的领域中，推进科技资源在产业、区域、部门等方面布局的均衡化与合理化，从而大大降低科技资源配置过程中的重复浪费，提高科技资源投入效益。坚持绿色生态、低碳发展，加快建设资源节约型、环境友好型社会，形成人与自然和谐发展的现代化建设新格局。坚持创新驱动与绿色低碳协调发展，加大对农业、生态、环保、健康等社会公益领域的科技投入力度，加大对于绿色增长和环境保护等相关科学问题的深入研究，逐步破解环境资源问题对我国经济、社会发展的制约作用，从而为提高绿色科技资源配置效率，建设"美丽中国"与"创新中国"提供战略保障。

9.2.2 多措并举优化科技资源配置方式

总体上看，区域科技资源配置效率空间分布格局的非均衡性特征较为明显，省级区域不考虑非期望产出情况的科技资源配置效率要比考虑非期望产出情况时较大，但两种情况下区域科技资源配置效率水平整体偏低，具有较大发展潜力与发展空间。因此，提高科技资源配置效率是我国科技创新需要解决的一个重要问题，而在提高科技资源配置效率上，优化科技资源配置又是必须首要考虑的问题。未来各级政府要进一步深化科技体制改革，加快转变政府职能，优化科技资源配置方式，大力推动协同创新，在以下几方面取得突破性进展：一是要加快推动公共科技资源开放共享，制定推进科技资源开放共享的管理办法，编制科技资源开放共享目录。二是要提高企业科技资源的配置能力，鼓励产学研结合、大中小企业组成产业技术协同创新联盟，支持企业与科研院所、高校联合开展基础研究，推动基础研究与应用研究紧密结合。在共同研发产品的过程中，形成分工明确、风险共担、利益共享的创新链和产业链，分享市场创新的红利。三是要加快建立协同创新机制，围绕产业链部署创新链，围绕创新链完善资金链，营造开放协同高效的创新生态。深化科研院所改革和高校科研体制改革，推动建立权责清晰、优势互补、利益共享、风险共担的产学研紧密合作机制。四是提升中国创新绩效水平，除注重优化配置城市内部的创新资源外，还应在制定提升城市创新绩效政策与科技资源管理的过程中，从创新要素流动、区域创新合作等方面综合考虑协同创新对于区域创新绩效的影响，在不同经济发展水平条件下制定不同的协同创新促进区域创新绩效策略。同时，积极打通城市之间的创新链条，加强城市之间的产学研合作，促进城市之间的产学研更加紧密融合，考虑周边城市的潜在影响，制定相邻城市之间的协同创新政策。

9.2.3 充分发挥市场在科技资源配置中的决定作用

通过测算各省级区域直接效应、间接效应与总效应反映解释变量对创新绩效的影响，在两种情况下，财政科技支出、技术市场成交额、教育经费支出三个因素对于创新绩效具有显著正影响，加大科技、教育经费的投入力度，增加新产品的研发强度，扩大技术市场成交额对于提升创新绩效效果明显。因此，未来应进一步加大财政科技投入，并调整和优化财政科技投入的结构，加大对基础研究、前沿探索、战略高科技的科技投入，加强科技管理改革与创新，逐步形成重点突出、持续稳定的支持机制。另一方面，进一步完善技术创新市场导向机制，明晰政府与市场的边界，更加尊重市场规律，充分发挥市场对技术研发方向、路线选择、要素价格和各类创新要素配置的导向作用，逐步扩大技术市场成交额。此外，有效缓解当前中国由于教育经费非均衡性引起的区际发展差异，除了需要相关部门进一步利用政策引导和支持高校区域间的互助联合之外，中西部地区也应高度重视并主动寻求与东部地区在学生培育和科学研究等领域的交流合作机会，积极承接东部地区"扩散效应"，缓解中西部地区教育资源相对匮乏对区域发展的制约。最终依托教育经费、优秀人才等关键科技资源长期密切的跨区域协调及整合，减弱甚至消除科技资源非均衡性配置带来的负面效应，实现中国创新绩效的整体提升。

9.2.4　从国家全局高度统筹科技资源配置

科技资源配置与一个国家科教体系的治理结构有着紧密联系。各国科教体系的治理结构是一个非常复杂的系统，它的形成有其特殊的历史与文化背景，并受到国家特有因素的制约。OECD 对不同国家科技治理结构进行分析，并提出三种治理结构的类型：第一种是所谓的集中体系，其主要特征是，有着自上而下的有力管理手段、对科研活动高比例的稳定支持、独立于大学的公共研究机构在科研体系中占有重要地位。第二种是所谓的二元体系，自上而下与自下而上相结合的优先领域选择过程、竞争性支持和稳定性支持相结合、保持独立研究机构和大学的均衡。第三种是所谓的分散型体系，自上而下的控制很弱；除了目标为导向的经费支持外，较少有稳定性支持；大学是科学活动的主体和基础。实际上，很难把主要国家的科技治理结构归入这三个类别中，每个国家的科技体系都很复杂，具有上述三种形态中任何一种的某些特征，是这三种基本形态的混合体。

尽管世界各国公共科研体系的结构有很大差异，但在其结构变化及政策导向方面仍有一些共同趋势。国家科学技术研究活动的一个重要特点是，其与很多政府部门和相关机构职能相关。因此，科技治理体系中科技资源的多头配置已在世界范围内成为常态。

但从另一方面来看，创新面临的新形势和呈现的新特点又让跨部门的统筹协调成为提高创新效率、优化资源配置的必然要求。科研活动非常复杂，需要形成各方面的有效协作。从本质上看，传统的科技资源配置机制忽略了部门间统筹协调的重要性，始终局限于特定的科学技术政策领域，科技政策、产业政策、经济政策没有在横向层面形成统筹协调的创新政策，没有形成由科技部门主导，经济部门、产业部门、地方政府等多元主体参与的创新治理格局。

为了解决科技治理体系中资源多头配置的现状与统筹协调的需求之间的矛盾，世界主要国家都在进行越来越多且越来越全面的改革，以消除各种体制性障碍。这些政府部门改革主要体现在以下两个方面：一是将科研活动预算由一个政府部门负责。目前，大约半数 OECD 国家都有一个单独的政府部门负责科研费用和预算，包括对公共科研机构进行资助，其所掌握的资金大都超过国内财政研发投入的 50%。由一个单独的政府机构负责研究投入的好处在于可以实现更好的内部协调。二是形成不同政府部门间的协调机制。在大多数国家，都有协调不同政府部门关系的正式政府组织或机构，通常在总理和内阁一级设立。在科技政策方面，有些国家正式指派某个政府的部门负责各部门间的政策协调。通常是建立协调委员会或理事会，这些委员会或理事会由部长和公务员组成，或由首席科学家发挥作用。

9.2.5　充分发挥城市层级与城市规模对于创新绩效的促进作用

要以高层级城市全面带动中国城市创新绩效的提升，将高层级城市打造成为区域创新体系、地方创新网络的增长极和辐射带动区域高质量发展的能量源。由于城市层级与创新绩效密切相关，城市层级越高人力资本越密集、服务业体系越完善，创新活动更频繁且更易于实现商业化，因此创新资源的配置应与城市层级相匹配，应进一步加大高层级城市的科技支出，充分发挥高层级城市在全球创新网络、国家创新体系中的核心枢纽作用。以战略性产业集群为依托，积极承接和汇聚国际科技创新中心的知识溢出、技术转化和产业转移，全面促进高层级城市知识、技术的吸收、溢出和转化，全面促进高层级城市新产品、新技术、新业态的转移扩散，形成完善的区域创新生态系统，辐射带动区域经济一体化发展。

要根据区域发展特色、科技资源禀赋、城市规模扩张及城市层级变化所受到的自然条件约束，因地制宜优化布局区域城市层级体系。围绕区域内科技战略力量的优势领域和优势产业，通过优先发展战略性新兴产业，打造重要创新空间、创新平台或创新载体等措施，破除行政体制束缚，整合区域内科技创新资源和力量，培育具有地方特色、优势明显的区域创新增长极，从而建设分工明确、功能互补、梯次联动的国际科技创新中心、综合性国家科学中心、区域科技创新中心等多层级国家-区域创新体系。

要着力推动大中小城市协调发展，促进大城市提升吸引、集聚和整合国内外科技创新资源的能力，朝着创新规模化发展；小城市充分发挥比较优势，朝着创新专业化方向发展，在大中小城市间形成具有合理地缘科技关系的城市产业分工体系。同时，也要看到人口规模虽然有利于城市层级对创新绩效发挥促进作用，然而盲目的大规模扩张人口反而会不利于城市层级对创新绩效影响效果的提升，应通过多中心组团式发展、产业结构升级、与中小城市分工合作等手段避免"大城市病"的不利影响。

未来的中国创新驱动战略，应充分发挥不同层级城市在吸引创新资源中的作用，合理分工、优化布局。不仅要发挥城市的主动性，更应当考虑城市拥有创新资源的差异。根据城市层级与创新集聚关系可形成最优的配置结构，更好地推动中国向创新驱动转型。创新活动的空间集聚特征决定了创新(发明或根本性创新)仅发生在少数地区。中国优质科技资源高度集聚在少数城市如北京、上海等特大城市，创新发展条件较好，而且较大的城市规模为人力资本积累和变现提供了广阔的市场，同时，庞大的消费市场为新产品商业化奠定需求基础。因此，大城市必然成为中国创新的核心所在。需进一步整合各类创新要素，提升科技大市场吸引、集聚和整合国内外科技创新资源的能力，以达到创新的规模效应。城市建设用地的提升与城市斑块密度的下降会促进创新集聚，因此要进一步拓展城市建设用地，让建设用地连接成片。建设用地面积提升与城市斑块密度降低对创新集聚有正向影响且对高层级城市影响更大，因此应当进一步转变土地职能，提升城市尤其是高层级城市建设用地面积。

9.2.6 建立部门之间的统筹协调工作机制

目前，中央各部门掌握科技经费预算的单位有40多个部门和机构。政府科技经费归口管理部门自成体系，科技经费多头配置，缺乏统筹协调，原本相互密切联系的技术领域和创新环节被分散在不同部门管理。各部门的科技拨款载体大多是科技计划、科技项目的形式，且计划类型日益繁多。因此，需要强化科技部门与教育部门的科技资源统筹协调机制，打破当前科技创新资源的条块分割、相互封闭、重复分散的格局，推动科技创新资源社会化，提高科技创新资源的利用率和加速科技成果的转移和扩散。首先，加强决策协调。进一步扩大国家科技教育领导小组成员范围，增加相关产业部门代表，突出科技教育领导小组在深化科技体制改革、加强整体制度设计过程中的指导作用。其次，加强规划协调。围绕科学研究重点领域和方向，由科技部门与教育部门联合制定科学发展规划，加强学科布局，促进科学自身长远发展，大力扶持支撑经济社会重大需求的科学研究。最后，加强预算协调。强化科技与教育等各部门的工作协调机制，打破科教资源管理体制分割的制约。对重点计划、重大基地和重要人才事宜，进行预算前的相互协调，从根本上突破原有科教资源运行的部门内"小循环模式"，使其融入"大循环模式"，促进全社会科技资源高效配置和综合利用。

9.2.7　建立区域之间效率优先、兼顾公平的资源配置格局

在国家层面，加强科技资源在全国各区域的空间布局。一方面，中央财政在科技发展基础差的地区加大直接科技投入，另一方面，中央在经济发展较好而科技需求得不到满足的地区适当加大对科技的政策支持。因此，科教资源配置应在效率优先前提下兼顾公平，引导科教资源向中西部欠发达地区倾斜。一是设立中西部区域科技专项。中央财政配置科技教育资源一定比例通过设立专项用于西部地区，稳定支持区域范围内的高等学校、科研院所和企业围绕区域特色产业和主导产业进行科技创新，提高区域创新能力；二是通过设立中西部区域人才专项和其他政策倾斜措施，鼓励创新团队、领军人才向中西部地区流动，带动地方产业和经济发展；三是以人为本配置相关资源，在人才向中西部流动时允许创新团队和创新人才与配套设施同时转移。

在完善现有国家实验室、国家重点实验室、国家工程中心等的基础上，在科技基础强、科技需求大的地区适当新建一定数目的拥有先进仪器设施、专业化管理队伍和研究团队的科研中心。通过市场方式对科技创新资源的整合提供助力。政府主要通过市场环境和各类平台的建设，提供优质的市场服务，使科技创新资源的供需各方通过市场寻找信息、在市场中寻找机会、在市场中实现成果的转化和科研人员的自身价值，通过市场机制对科教资源的各要素进行集聚、重组和整合，实现资源利用和效益的最大化、最优化。

9.2.8　建立机构、项目之间鼓励竞争、稳步发展的资源配置原则

从科研主体的微观角度来看，高等院校、科研院所依然是以政府为主导的科技资源来源模式，科技经费来源以竞争性项目经费为主，机构性支持相对不足。随着我国经济和科技实力的显著提升，我国利技发展已经具备了从以支撑为主转向支撑和引领并重的需求和基础。因此，要在一定程度上改变科技资源大部分以竞争性项目的支持方式，对不同类型的研究采用分类支持，加大机构支持力度。

机构支持主要针对长期的、自主的、探索性的科学研究，而项目支持主要是体现国家目标需求的、应急的应用研究；

一是，适度加大对科学家自由探索的稳定支持力度，增加机构的基本科研经费投入。从目前对机构的支持来看，稳定性支持还主要是运行经费，即机构日常运转需求、人员费开支等，而对自主选题和人才培养的基本科研业务费增加相对较少。稳定增加基本科研经费，既保证了基本的科技创新活动经费，又基本保证了科技人员的个人收入，提高了科技人员的积极性，保障了科研院所的正常运行。特别有重大意义的是，稳定的科研支持经费不仅能支持一批有原创性的交叉学科，而且对那些研究周期长，需要大量积累才能出大成果的课题，更具有决定性的作用。

二是，增加机构性稳定经费支配的自主权。从世界范围来看，对公共部门研究的稳定性资助是政府或经费资助机构按年度将经费一揽子分配给研究执行机构，机构可以根据其按照自己认为合适的任何方式、不带附加条件地自由支配这些经费。

三是，在现有科技计划体系中试点中长期的科技项目实施机制。对重点领域、重点方向、重点团队，可采取以 5 年以上年限一次性整体预算的方式给予相对长期的支持。

参 考 文 献

[1] OkeA, Kach A. Linking sourcing and collaborative strategies to financial performance: The role of operational innovation. Journal of Purchasing and Supply Management, 2012, 18 (1): 46-59.

[2] Agrawal A, Galasso A, and Oettl A. Roads and Innovation. Review of Economics and Statistics, 2017, 99(3): 417-434.

[3] Aigner D, Lovell C A K, and Schmidt P. Formulation and Estimation of Stochastic Frontier Production Function Models. Journal of Econometrics, 1977, 6(1): 21-37.

[4] Alder S, Shao L, and Zilibotti F. Economic Reforms and Industrial Policy in a Panel of Chinese Cities. Journal of Economic Growth, 2016, 21 (4): 305-349.

[5] Kontolaimou A,Giotopoulos I, Tsakanikas A. A typology of European countries based on innovation efficiency and technology gaps: The role of early-stage entrepreneurship. Economic Modelling, 2016, 52 (B): 477-484.

[6] Alic J A. Postindustrial technology policy. Research Policy, 2001, 30(6): 873-889.

[7] Almeida P, Kogut B. Localization of Knowledge and the Mobility of Engineers in Regional Networks. Management science, 1999, 45(7): 905-917.

[8] Amelin L. Local Indicators of Spatial Association-LISA. Geographical Analysis, 1995, 27(2): 93-115.

[9] Amin A, Aziz B, and Liu X H. The Relationship between Urbanization, Technology Innovation, Trade Openness, and CO_2 Emissions: Evidence from a Panel of Asian Countries. Environmental Science and Pollution Research, 2020, 27(28): 35349-35363.

[10] Anderson W P, Kanaroglou P S, and Miller E J. Urban Form, Energy and the Environment: A Review of Issues, Evidence and Policy. Urban Studies,

1996, 33(1): 7-35.

[11] Andersson R, Quigley J M, and Wilhelmsson M. Urbanization, Productivity, and Innovation: Evidence from Investment in Higher Education. Journal of Urban Economics, 2009, 66(1): 2-15.

[12] Filippetti A, Archibugi D. Innovation in times of crisis: National Systems of Innovation, structure, and demand. Research Policy, 2011, 40 (2): 179-192.

[13] Chan A. Innovation efficiency and asymmetric timeliness of earnings: Evidence from an emerging market. International Review of Financial Analysis, 2014, 32: 132-142.

[14] Asheim B, Isaksen A. Location, agglomeration and innovation: toward regional innovation systems in Norway? European Planning Studies, 1997, 5 (3): 299-330.

[15] Arora A, Athreye S, Huang C. The paradox of openness revisited: Collaborative innovation and patenting by UK innovators. Research Policy, 2016, 45 (7): 1352-1361.

[16] Autio E. Evaluation of RTD in regional systems of innovation. European Planning Studies, 1998, 6 (2): 131-140.

[17] Battese G E, and Corra G S. Estimation of A Production Frontier Model: with Application to the Pastoral Zone of Eastern Australia. Australian Journal of Agricultural Economics. 1977, 21(3): 169-179.

[18] Boschma R. Proximity and Innovation: A Critical Assessment. Regional Studies, 2005, 39 (1): 61-74.

[19] Brenner M S. Practical R&D project prioritization. Research Management, 1994, 37(5): 38-42.

[20] Breschi S, Lissoni F. Mobility of skilled workers and co-invention networks: An anatomy of localized knowledge flows. Journal of Economic Geography, 2009, 9 (4): 439-468.

[21] Broekel T, Graf H. Structural Properties of Cooperation Networks in Germany: From Basic to Applied Research. Jena Economic Research Papers, 2010.

[22] Broekel T. Collaboration intensity and regional innovation efficiency in Germany—A conditional efficiency approach. Industry & Innovation, 2012, 19(2): 155-179.

[23] Brunnermeier S B, Cohen M A. Determinants of Environmental Innovation in US Manufacturing Industries. Journal of Environmental Economics and Management, 2003, 45 (2): 278-293.

[24] Bu M, Wagner M. Racing to the bottom and racing to the top: The crucial role of firm characteristics in foreign direct investment choices. Journal of International Business Studies, 2016, 47(9): 1032-1057.

[25] Buswell R J. Research and Development and Regional Development: A review. Technological Change and Regional Development, London: Pion Ltd, 1983.

[26] Chaminade C, Plechero M. Do Regions Make a Difference? Regional Innovation Systems and Global Innovation Networks in the ICT Industry. European Planning Studies, 2015, 23(2): 215-237.

[27] Marxt C, Brunner C. Analyzing and improving the national innovation system of highly developed countries—The case of Switzerland. Technological Forecasting & Social Change, 2013, 80(6): 1035-1049.

[28] Cantner U, Pyka A. Classifying technology policy from an evolutionary perspective. Research Policy, 2001, 30(5): 759-775.

[29] Carlino G, Kerr W R. Agglomeration and innovation. Handbook of regional and urban economics, 2015(5): 349-404.

[30] Pietrobelli C, Rabellotti R. Global Value Chains Meet Innovation Systems: Are There Learning Opportunities for Developing Countries? World Development, 2011, 39 (7): 1261-1269.

[31] Casas R, Gortari R, Santos M J. The Building of Knowledge Spaces in Mexico: a Regional Approach to Networking. Research Policy, 2000, 29 (2): 225-241.

[32] Catalini C, Fons-Rosen C, and Gaule P. Did Cheaper Flights Change the Direction of Science? Economics Working Papers, 2016, 1520.

[33] Chakraborty S K, and Mazzanti M. Energy Intensity and Green Energy Innovation: Checking Heterogeneous Country Effects in the OECD. Structural Change and Economic Dynamics, 2020, 52: 328-343.

[34] Che C M. Panel Threshold Analysis of Taiwan's Outbound Visitors. Economic Modelling. 2013, 33: 787-793.

[35] Chen J, Cheng J H, Dai S. Regional eco-innovation in China: An analysis of eco-innovation levels and influencing factors. Journal of Cleaner Production,

2017, 153: 1-14.

[36] Chen K H, Guan J C. Mapping the functionality of China's regional innovation systems: A structural approach. China Economic Review, 2011, 22 (1): 11-27.

[37] Chen Z, Yu B, Yang C. An extended time series (2000-2018) of global NPP-VIIRS-like nighttime light data from a cross-sensor calibration. Earth system science data, 2021, 13(3): 889-906.

[38] Chen J, Wang L, and Li Y. Natural Resources, Urbanization and Regional Innovation Capabilities. Resources Policy, 2020(66): 101643.

[39] Chen, Y. Derivation of the Functional Relations between Fractal Dimension of and Shape Indices of Urban Form. Computers, Environment and Urban Systems, 2011, 35(6): 442-451.

[40] Chesbrough H. Open innovation: the new impeerative for creating and profiting for technology. Harvard Business School Press, Cambridge, MA, 2003.

[41] Chi M M, Wang W J, Lu X Y, Joey F George. Antecedents and outcomes of collaborative innovation capabilities on the platform collaboration environment. International Journal of Information Management, 2018(43): 273-283.

[42] Chiou T Y, Chan H K, Lettice F. The Influence of Greening the Suppliers and Green Innovation on Environmental Performance and Competitive Advantage in Taiwan. Transportation Research Part E: Logistics and Transportation Review, 2011, 47 (6): 822-836.

[43] Alexander C, Magipervas A. Features of the Advancement of Science as an Integral Part of the National Innovation System in Modern Russia. Procedia-Social and Behavioral Sciences, 2015(166): 480-487.

[44] Marxt C, Brunner C. Analyzing and improving the national innovation system of highly developed countries—The case of Switzerland. Technological Forecasting and Social Change, 2013, 80 (6): 1035-1049.

[45] Hienerth C, Hippel E V, Jensen M B. User community vs. producer innovation development efficiency: A first empirical study. Research Policy, 2014, 43(1): 190-201.

[46] Cruz-Cázares C, Bayona-Sáez C, García-Marco T. You can't manage right what you can't measure well: Technological innovation efficiency. Research Policy, 2013, 42 (6-7): 1239-1250.

[47] Combes P P, Duranton G, Gobillon L, Puga D, and Roux S. The Productivity Advantages of Large Cities, Distinguishing Agglomeration from Firm Selection. Econometrica, 2012, 80 (6): 2543-2594.

[48] Copeland B R, Taylor M S. Trade, growth and the environment. Journal of Economic Literature, 2004, 42(1): 7-71.

[49] Curdes G. Urban Form and Innovation: The Case of Cologne. Urban Morphology, 1998, 2(1): 11-18.

[50] Davis L, North D C. Institutional change and American economic growth: A first step towards a theory of institutional innovation. Journal of Economic History, 1970, 30 (1): 131-149.

[51] Dietzenbacher E, Los B. Externalities of R&D expenditures. Economic Systems Research, 2002, 14(4): 407-425.

[52] Dong X, Zheng S, and Kahn M E. The Role of Transportation Speed in Facilitating High Skilled Teamwork across Cities. Journal of Urban Economics, 2020(115): 103212.

[53] Dosi G, Freeman C. Technical change and economic theory. London: Printer, 1998.

[54] Dotta V, and Munyo I. Trade Openness and Innovation. The Innovation Journal, 2019, 24(2): 1-13.

[55] Zeng D Z. Measuring the Effectiveness of the Chinese Innovation System: A Global Value Chain Approach. International Journal of Innovation Studies, 2017, 1 (1): 57-71.

[56] Drucker P F, Noel J L. Innovation and entrepreneurship: Practices and principles. Public Productivity Review, 1985, 7 (1): 77-78.

[57] Dumitrescu E, Hurlin C. Testing for Granger non-causality in heterogeneous panels. Economic modelling, 2012, 29(4): 1450-1460.

[58] Dumond J M, Hisch B T, and Macpherson D A. Wage Differentials across Labor Markets and Workers: Does Cost of Living Matter? Economic Inquiry, 1999, 37 (4): 577-598.

[59] Duran P, Kammerlander N, Zellweger T, and Zellweger T. Doing More with Less: Innovation Input and Output in Family Firms. Academy of Management Journal, 2016, 59 (4): 1224-1264.

[60] Dyer J H, Nobeoka K. Creating and Managing a High-Per formance

Knowledge-Sharing Network: The Toyota Case. Strategic Management Journal, 2000(3): 345-367.

[61] Ekboir J M. Research and technology policies in innovation systems: zero tillage in Brazil. Research Policy, 2003, 32(4): 573-586.

[62] Elburz Z, Nijkamp P, and Pels E. Public Infrastructure and Regional Growth: Lessons from Meta-analysis. Journal of Transport Geography, 2017 (58): 1-8.

[63] Elias G. Carayannis, Evangelos Grigoroudis, Yorgos Goletsis. A multilevel and multistage efficiency evaluation of innovation systems: A multiobjective DEA approach. Expert Systems with Applications, 2016(62): 63-80.

[64] Samara E, Georgiadis P, Bakouros I. The impact of innovation policies on the performance of national innovation systems: A system dynamics analysis. Technovation, 2012, 32 (11): 624-638.

[65] Etzkowitz H, Leydesdorff L. The Triple Helix—University—Industry—Government relations: a laboratory for knowledge based economic development. East Review, 1995(14): 14-19.

[66] Etzkowitz H. The triple helix: university-industry-government innovation in action. London and New York: Routledge, 2008.

[67] Ewing R. Is Los Angeles-style Sprawl Desirable? Journal of the American Planning Association, 1997, 63(1): 107-126.

[68] Faber B. Trade Integration, Market Size, and Industrialization: Evidence from China's National Trunk Highway System. Review of Economic Studies, 2014, 81(3): 1046-1070.

[69] Fagerberg J, Mowery D C, Nelson R R. The Oxford handbook of innovation. Oxford: Oxford University Press, 2005.

[70] Fan F and Zhang X. Transformation Effect of Resource-based Cities Based on PSM-DID Model: An Empirical Analysis from China. Environmental Impact Assessment Review, 2021(91): 106648.

[71] Fan F, Lian H, and Wang S. Can Regional Collaborative Innovation Improve Innovation Efficiency? An Empirical Study of Chinese Cities. Growth and Change, 2020(51): 440-463.

[72] Farrell M J. The Measurement of Productive Efficiency. Journal of the Royal Statistical Society Series A (General), 1957, 120 (3): 253-290.

[73] Feldman M P.The Geography of I nnovation. Dordrecht: Kluwer academic, 1994.

[74] Feldman M P, and Audretsch D B. Innovation in Cities: Science-based Diversity, Specialization and Localized Competition. European Economic Review, 1999, 43 (2): 409-429.

[75] Fischer W. Measuring the Quality of Regional Innovation Systems: A Knowledge Production Function Approach. International Regional Science Review, 2002, 25 (1): 86-101.

[76] Ciabuschi F, Forsgren M, Martín Martín O. Headquarters involvement and efficiency of innovation development and transfer in multinationals: A matter of sheer ignorance? International Business Review, 2012, 21 (2): 130-144.

[77] Freeman C. The Economics of Industrial Innovation. Cambridge: MIT Press, 1997.

[78] Fritz M S,and MacKinnon D P. Required Sample Size to Detect the Mediated Effect. Psychological Science, 2007, 18(3): 233-239.

[79] Castellacci F,Natera J M. The dynamics of national innovation systems: A panel cointegration analysis of the coevolution between innovative capability and absorptive capacity. Research Policy, 2013, 42 (3): 579-594.

[80] Gao W L, Chou J. Innovation efficiency, global diversification, and firm value. Journal of Corporate Finance, 2015(30): 278-298.

[81] Gao X, Guo X C, Sylvan K J, Guan J C. The Chinese innovation system during economic transition: A scale-independent view. Journal of Informetrics, 2010, 4 (4): 618-628.

[82] Giuliani E, Bell M. The Micro-determinants of Meso-level Learning and Innovation: Evidence from a Chilean Wine Cluster. Research Policy, 2005, 34(1): 47-68.

[83] Gollop F M,Roberts M J. Environmental regulations and productivity growth: The case of fossil-fueled electric power generation. Journal of Political Economy, 1983, 91(4): 654-674.

[84] González-Serrano M H, Prado-Gascó V, Crespo-Hervás J, and Calabuig-Moreno F. Does Sport Affect the Competitiveness of European Union Countries? An Analysis of the Degree of Innovation and GDP per Capita Using Linear and QCA Models. International Entrepreneurship and Management

Journal, 2019, 15(4): 1343-1362.

[85] Graham D J, and Kim H Y. An Empirical Analytical Framework for Agglomeration Economies. Annals of Regional Science, 2008, 42（2）: 267-289.

[86] Griliches Z. Issues in assessing the contribution of research an development to productivity growth. Bell Journal of Economics, 1979, 10（1）: 92-116.

[87] Griliches Z. Patent statistics as economic indicators: a survey. Journal of Economic Literature, 1990, 28（28）: 1661-1707.

[88] Guan J C, Chen K H. Measuring the innovation production process: A cross-region empirical study of China's high-tech innovations. Technovation, 2010, 30（5）: 348-358.

[89] Guan J C, Chen K H. Modeling the relative efficiency of national innovation systems. Research Policy, 2012, 41（1）: 102-115.

[90] Guan J C, Zuo K R, Chen K H et al. Does country-level R&D efficiency benefit from the collaboration network structure? Research Policy, 2016, 45（4）: 770-784.

[91] Guan J, Zhang J, Yan Y. The impact of multi-level networks on innovation. Research Policy, 2015, 44(3): 545-559.

[92] Hagrdoom J, Cloodt M. Measuring innovative performance: is there an advantage in using multiple indicators? Research Policy, 2003, 32（8）: 1365-1379.

[93] Hamidi S, Zandiatashbar A. Does urban form matter for innovation productivity? A national multi-level study of the association between neighborhood innovation capacity and urban sprawl. Urban studies, 2019, 56（8）: 1576-1594.

[94] Hamidi S, Zandiatashbar A, and Bonakdar A. The Relationship between Regional Compactness and Regional Innovation Capacity（RIC）: Empirical Evidence from a National Study. Technological Forecasting and Social Change, 2019(142): 394-402.

[95] Hansen K F, Weiss M A, Kwak S. Allocating R&D resources: a quantitative aid to management insight sangman kwak. Research Technology Management, 1999, 42(4): 44-50.

[96] Hansen B E. Threshold Effect in Non-dynamic Panels: Estimation, Testing

and Inference. Journal of Econometrics, 1999, 93 (2): 345-368.

[97] Hao X L, Deng F. The marginal and double threshold effects of regional innovation on energy consumption structure: Evidence from resource-based regions in China. Energy Policy, 2019, 131: 144-154.

[98] Hashimoto A, Haneda S. Measuring the change in R&D efficiency of the Japanese Pharmaceutical Industry. Research Policy, 2008, 37 (10): 1829-1836.

[99] Hayes A F. Beyond Baron and Kenny: Statistical Mediation Analysis in the New Millennium. Communication Monographs, 2009, 76(4): 408-420.

[100] He Q, He W, Song Y, Wu J, Yin C, and Mou Y. The Impact of Urban Growth Patterns on Urban Vitality in Newly Built-up Areas Based on An Association Rules Analysis Using Geographical 'Big Data'. Land Use Policy, 2018(78): 726-738.

[101] Hering L, and Poncet S. The Impact of Economic Geography on Wages: Disentangling the Channels of Influence. China Economic Review, 2009, 20 (1): 1-14.

[102] Herstad S J, and Ebersberger B. Urban Agglomerations, Knowledge-intensive Services and Innovation: Establishing the Core Connections. Entrepreneurship & Regional Development, 2014, 26(3-4): 211-233.

[103] Hong J, Feng B, Wu Y R, Wang L B. Do government grants promote innovation efficiency in China's high-tech industries? Technovation, 2016, 57-58: 4-13.

[104] Howells J. Innovation and Regional Economic Development: A Matter of Perspective? Research Policy, 2005, 34(8): 1220-1234.

[105] Hu J L, Yang C H, Chen C P. R&D efficiency and the national innovation system: An international comparison using the distance function approach. Bulletin of Economic Research, 2014, 66(1): 55-71.

[106] MD. The world competitiveness year book. Lausanne, Switzerland: International Institute for Management Development, 2001.

[107] Ivanova I A, Leydesdorff L. Rotational symmetry and the transformation of innovation systems in a Triple Helix of university-industry-government relations. Technological Forecasting and Social Change, 2014 (86): 143-156.

[108] Irving H.Income and City Size. Urban Studies, 1972, 9 (3): 299-328.

[109] Noni I D, Orsi L, Belussi F. The role of collaborative networks in supporting the innovation performances of lagging-behind European regions. Research Policy, 2018, 47 (1): 1-13.

[110] Iyigun M G.A decision support system for R&D project selection and resource allocation under uncertainty-the 1993 student paper award winner. Project Management Journal, 1993, 24(4): 5-13.

[111] Jaffe A B, Porney S P, Stavins R N. Environmental regulation and the competitiveness of U. S. manufacturing. What does the evidence tell us? Journal of Economic Literature, 1995: 52(3): 132-163.

[112] Jaffe A B, and Palmer K. Environmental Regulation and Innovation: A Panel Data Study. Review of Economics and Statistics, 1997, 79(4): 610-619.

[113] Jaffe A B, Trajtenberg M, and Henderson R. Geographic Localization of Knowledge Spillovers as Evidenced by Patent Citations. The Quarterly Journal of Economics, 1993, 108 (3): 577-598.

[114] Danowski J A. Identifying Collaborative Innovation Networks: At the Inter-Departmental Level. Procedia-Social and Behavioral Sciences, 2010, 2 (4): 6404-6417.

[115] Jiao H, Zhou J H, Gao T S, Liu X L. The more interactions the better? The moderating effect of the interaction between local producers and users of knowledge on the relationship between R&D investment and regional innovation systems. Technological Forecasting and Social Change, 2016 (110): 13-20.

[116] Lee J, Kim C, Choi G. Exploring data envelopment analysis for measuring collaborated innovation efficiency of small and medium-sized enterprises in Korea. European Journal of Operational Research, 2019, 278 (2): 533-545.

[117] Jones M C, Marron J S, Sheather S J. A brief survey of bandwidth selection for density estimation. Journal of the American Statistical Association, 1996 (91): 401-407.

[118] Gosens J, Lu Y. From lagging to leading? Technological innovation systems in emerging economies and the case of Chinese wind power. Energy Policy, 2013(60): 234-250.

[119] Kalapouti K,Petridis K, Malesios C et al. Measuring efficiency of innovation using combined data envelopment analysis and structural equation modeling: Empirical study in EU regions. Annals of Operations Research, 2017, 35 (6): 128-142.

[120] Kamien M I,Schwartz N L. On the degree of rivalry for maximum innovative activity. Quarterly Journal of Economics, 1976, 90 (2): 245-260.

[121] Kelejian H H,and Piras G. Estimation of Spatial Models with Endogenous Weighting Matrices, and An Application to a Demand Model for Cigarettes. Regional Science and Urban Economics, 2014(46): 140-149.

[122] Khorramshahgol R,Gousty Y. Delphic Goal Programming (DGP): A multi-objective cost/benefit approach to R&D portfolio analysis. IEEE Transactions on Engineering Management, 1986, 33(3): 172-175.

[123] Kim C H,Shin W S. Does Information from the Higher Education and R&D Institutes Improve the Innovation Efficiency of Logistic Firms? The Asian Journal of Shipping and Logistics, 2019, 35 (1): 70-76.

[124] Kirat T,Lung Y. Innovation and proximity: territories as loci of collective learning processes. European Urban and Regional Studies, 1999, 6 (1): 27-38.

[125] Kirkeboen L,Leuven E, and Mogstad M. Field of Study, Earnings, and Self-selection. Quarterly Journal of Economics, 2016, 131 (3): 1551-1552.

[126] Kogut B,Zander U. Knowledge of the firm, combinative capabilities, and the replication of technology. Organization Science, 1992, 3(3): 383-397.

[127] Koopmans T C. Activity Analysis of Production and Allocation, Cowles Commission for Research in Economics. New York, Wiley, 1951.

[128] Pandza K, Wilkins T A, Alfoldi E A. Collaborative diversity in a nanotechnology innovation system: Evidence from the EU Framework Programme. Technovation, 2011, 31 (9): 476-489.

[129] Landry C,Bianchini F. The Creative City. London: Demos Press, 1995.

[130] Langston D,Rasmussen D W, and Simmons J C. A Note on Geographic Living Cost Differentials. Land Economics, 1985, 61 (3): 314-318.

[131] Lawrence M,Bullock R, and Liu Z. China's High-Speed Rail Development. *World Bank*, 2019.

[132] Leoncini R. The Nature of long-run technological change: innovation, evolution and technological systems. Research Policy, 1998, 27 (1): 75-93.

[133] LeSage J, Pace R K. Introduction to spatial econometrics. New York: CRC Press, 2009: 27-41.

[134] Li H K, He H Y, Shan J F, Cai J J. Innovation efficiency of semiconductor industry in China: A new framework based on generalized three-stage DEA analysis. Socio-Economic Planning Sciences, 2019(66): 136-148.

[135] Li H, Zhang J X, Wang C, Wang Y J, Coffey V. An evaluation of the impact of environmental regulation on the efficiency of technology innovation using the combined DEA model: A case study of Xi'an, China. Sustainable Cities and Society, 2018(42): 355-369.

[136] Li X B. Specialization, institutions and innovation within China's regional innovation systems. Technological Forecasting and Social Change, 2015 (100): 130-139.

[137] Liberatore M. An extension of the analytic hierarchy process for industrial R&D project selection and resource allocation. IEEE Transactions on Engineering Management, 1987, 34(1): 12-18.

[138] de Oliveira L S, Echeveste M E S, Cortimiglia M N, et al. Analysis of determinants for Open Innovation implementation in Regional Innovation Systems. RAI Revista de Administração e Inovação, 2017, 14 (2): 119-129.

[139] Yu L, Li H, Wang Z, Duan Y. Technology imports and self-innovation in the context of innovation quality. International Journal of Production Economics, 2019, 214: 44-52.

[140] Liu D Y, Shieh L F. The effects of government subsidy measures on corporate R&D expenditure: a case study of the leading product development programme. International Journal of Product Development, 2005, 2(3): 265-281.

[141] Liu J H, Pu J M, Jiang Z H. Promoting Strategy of New Energy Vehicles Collaborative Innovation: The Case Study of Yutong. Procedia Engineering, 2017, 174: 1009-1015.

[142] Love J H, Roper S. Location and Network Effects on Innovation Success:

Evidence for UK, German and Irish Manufacturing Plants. Research Policy, 2001, 30: 643-661.

[143] Lu L,Ru H. Urban hierarchy of innovation capability and inter-city linkages of knowledge in post-reform China. Chinese geographical science, 2012(5): 602-616.

[144] Lu W M,Kweh Q L, Huang C L. Intellectual capital and national innovation systems performance. Knowledge-Based Systems, 2014, 71: 201-210.

[145] MacKinnon D P,Warsi G, and Dwyer J H. A Simulation Study of Mediated Effect measures. Multivariate Behavioral Research, 1995, 30(1): 41-62.

[146] MacKinnon D P,Lockwood C M, Hoffman C M, West S G, and Sheets V. A Comparison of Methods to Test Mediation and Other Intervening Variable Effects. Psychological Methods, 2002, 7(1) 83.

[147] Malecki E J. Technology and Economic Development: The Dynamics of Local, Regional, and National Competitiveness. London: Longman, 1997.

[148] Greco M,Grimaldi M, Cricelli L. Hitting the nail on the head: Exploring the relationship between public subsidies and open innovation efficiency. Technological Forecasting and Social Change, 2017, 118: 213-225.

[149] Markusen A.Sticky place in sippery space: a typology of industrial districts. Economic Geography, 1996, 72 (3): 293-313.

[150] Matsumoto H,Domae K, O'connor K. Business connectivity, air transport and the urban hierarchy: A case study in East Asia. Journal of transport geography, 2016, 54(6): 132-139.

[151] Meeusen W, and van-Den B J. Efficiency Estimation from Cobb-Douglas Production Functions with Composed Error. International Economic Review, 1977, 435-444.

[152] Namazi M, Mohammadi E. Natural resource dependence and economic growth: A TOPSIS/DEA analysis of innovation efficiency. Resources Policy, 2018, 59: 544-552.

[153] Messner S F, Anselin L, Baller R D. The Spatial Patterning of County Homicide Rates: An Application of Exploratory Spatial Data Analysis. Journal of Quantitative Criminology, 1999, 15(4): 423-450.

[154] Matei M M,Aldea A. Ranking National Innovation Systems According to their technical Efficiency. Procedia-Social and Behavioral Sciences, 2012, 62:

968-974.

[155] Mu R P, Qu W. The development of science and technology in China: A comparison with India and the United States. Technology in Society, 2008, 30: 319-329.

[156] Corrocher N, Cusmano L. The ‘KIBS Engine’ of Regional Innovation Systems: Empirical Evidence from European Regions. Regional Studies, 2014, 48(7): 1212-1226.

[157] Salimi N, Bekkers R, Frenken K. Does working with industry come at a price? A study of doctoral candidates' performance in collaborative vs. non-collaborative Ph. D. projects. Technovation, 2015, 41-42: 51-61.

[158] North D C. Institutions, Institutional Change, and Economic Performance. Cambridge: Cambridge University Press, 1990.

[159] Owoeye T, Olanipekun D B, Ogunsola A J, and Kutu A A. Energy Prices, Income and Electricity Consumption in Africa: The Role of Technological Innovation. International Journal of Energy Economics and Policy. 202, 10 (5): 392.

[160] Patrick R, and Hussler C. Innovation in Regions: What Does Really Matter? Research Policy, 2005, 34 (8). 1150-1172.

[161] Perroux F. Note sur la notion de pole de croissance. Economique appliquée, 1955, 8: 307-320.

[162] Pesaran M. Time series and panel data econometrics. Oxford: Oxford University Press, 2015.

[163] Hajek P, Henriques R, Hajkova V. Visualising components of regional innovation systems using self-organizing maps—Evidence from European regions. Technological Forecasting and Social Change, 2014, 84: 197-214.

[164] Peyrefitte J, Brice J. Product diversification and R&D investment: an empirical analysis of competing hypotheses. Organizational Analysis, 2004, 12(4): 379-394.

[165] Pham H M, Yamaguchi Y, and Bui T Q. A Case Study on the Relation Between City Planning and Urban Growth Using Remote Sensing and Spatial Metrics. Landscape and Urban Planning, 2011, 100(3): 223-230.

[166] Porter M E. The Competitive Advantage of Nations. Harvard business review, 1990, 5(68): 1-32.

[167] Porter M E, Linde V. Toward a New conception of the environment competitiveness relationship. Journal of Economic Perspectives, 1995 (4): 97-118.

[168] Porter M E. The Competitive Advantage of Nations. New York: The Free Press, 1990.

[169] Porter M E. America's green strategy. Scientific American, 1991, 264(4): 168-182.

[170] Pownall I. Collaborative development of hot fusion technology policies: strategic issues. Technology Analysis Strategic Management, 1997, 9(2): 193-212.

[171] Qin X H, Sun C Z, Zou W. Quantitative models for assessing the human-ocean system's sustainable development in coastal cities: The perspective of metabolic-recycling in the Bohai Sea Ring area, China. Ocean Coastal Management, 2015, 107: 46-58.

[172] Qu X, and Lee L. Estimating a Spatial Autoregressive Model with an Endogenous Spatial Weight Matrix. Journal of Econometrics, 2015, 184 (2): 209-232.

[173] Quah D. Internet Cluster Emergence. European Economic Review, 2000, 44 (4): 1032-1044.

[174] Reis J P, Silva E A, and Pinho P. Spatial Metrics to Study Urban Patterns in Growing and Shrinking Cities. Urban Geography, 2016, 37 (2): 246-271.

[175] Bellais R. Post Keynesian Theory, Technology Policy, and Long-term Growth. Journal of Post Keynesian Economics, 2004, 26(3): 419-440.

[176] Requate T. Dynamic incentives by environmental policy instruments: a survey. Ecological Economics, 2005(54): 175-195.

[177] Romer P M. Endogenous Technological Change. Journal of Political Economy, 1990, 98 (5): 71-102.

[178] Romer P M. Increasing returns and long-run growth. Journal of Political Economy, 1986, 94 (5): 1002-1037.

[179] Ghazinoory S, Bitaab A, Lohrasbi A. Social capital and national innovation system: A cross-country analysis. Cross Cultural Management an International Journal, 2014, 21(4): 453-475.

[180] Schirmer P M, and Axhausen K W. A Multiscale Classification of Urban Morphology. Journal of Transport and Land Use, 2015, 9(1): 101-130.

[181] Schmidt R L.A Stochastic optimization model to improve production planning and R&D resource allocation in biopharmaceutical production processes. Management Science, 1996, 42(4): 603-617.

[182] Schneider A, and Woodcock C E. Compact, Dispersed, Fragmented, Extensive? A Comparison of Urban Growth in Twenty-five Global Cities Using Remotely Sensed Data, Pattern Metrics and Census Information. Urban Studies, 2008, 45(3): 659-692.

[183] Scholefield J H.The allocation of R&D resource. R&D Management, 1994, 24(1): 91-97.

[184] Schumpeter J A. The Theory of Economic Development: An Inquiry into Profits, Capital, Credit, Interest, and the Business Cycle. New Brunswick (U. S. A) and London (U. K.): Transaction Publishers, 1934.

[185] Segerstrom P S, Zolnierek J M. The R&D incentives of industry leaders. International Economic Review, 1999, 40(3): 745-766.

[186] Kwon S, Motohashi K. How institutional arrangements in the National Innovation System affect industrial competitiveness: A study of Japan and the U. S. with multiagent simulation. Technological Forecasting and Social Change, 2017, 115: 221-235.

[187] Ozcan S, Islam N. Collaborative networks and technology clusters—The case of nanowire. Technological Forecasting and Social Change, 2014, 82: 115-131.

[188] Shan D. Research of the Construction of Regional Innovation Capability Evaluation System: Based on Indicator Analysis of Hangzhou and Ningbo. Procedia Engineering, 2017, 174: 1244-1251.

[189] Shao S, Hu Z, Cao J, Yang L, and Guan D. Environmental Regulation and Enterprise Innovation: A Review. Business Strategy and the Environment, 2020, 29(3): 1465-1478.

[190] Shearmur R, Doloreux D. Place, Space and Distance: Towards a Geography of Knowledge-Intensive Business Services Innovation. Industry and innovation, 2009, 16(1): 79-102.

[191] Hamidi S, Zandiatashbar A, Bonakdar A. The relationship between regional

compactness and regional innovation capacity (RIC): Empirical evidence from a national study. Technological Forecasting and Social Change, 2019, 142: 394-402.

[192] Kılkış S.Sustainability-oriented innovation system analyses of Brazil, Russia, India, China, South Africa, Turkey and Singapore. Journal of Cleaner Production, 2016, 130: 235-247.

[193] Simmie J.Innovation and Urban Regions as National and International Nodes for the Transfer and Sharing of Knowledge. Regional Studies, 2003, 37(6-7): 607-620.

[194] Song M L,Ai H S, Li X. Political connections, financing constraints, and the optimization of innovation efficiency among China's private enterprises. Technological Forecasting and Social Change, 2015, 92: 290-299.

[195] Letaifa S B,Rabeau Y. Too close to collaborate? How geographic proximity could impede entrepreneurship and innovation. Journal of Business Research, 2013, 66 (10): 2071-2078.

[196] Srdjevic B,Medeiros Y D, Porto R L. Data envelopment analysis of reservoir system performance. Computers & Operations Research, 2005, 32: 3209-3226.

[197] Fawcett S E,Jones S L, Fawcett A M. Supply chain trust: The catalyst for collaborative innovation. Business Horizons, 2012, 55 (2): 163-178.

[198] Tang C F, and Tan E C. Exploring the Nexus of Electricity Consumption, Economic Growth, Energy Prices and Technology Innovation in Malaysia. Applied Energy, 2013, 104: 297-305.

[199] Tone K. A slack-based measure of super-efficiency in data envelopment analysis. European Journal of Operational Research, 2002, 143 (3): 32-41.

[200] Tone K.Dealing with undesirable outputs in dea: a slaeks-based measure (SBM) approach. GRIPS Research Report Series, 2003.

[201] Tsai Y H.Quantifying Urban Form: Compactness Versus 'Sprawl'. Urban Studies, 2005, 42(1): 141-161.

[202] Turkina E,Oreshkin B, and Kali R. Regional Innovation Clusters and Firm Innovation Performance: An Interactionist Approach. Regional Studies, 2019, 53(8): 1193-1206.

[203] Varga A. University Research and Regional in Innovation. Boston: Kluwer Academic Publishers, 1998.

[204] Wal A L J T. The Dynamics of the Inventor Network in German Biotechnology: Geographical Proximity versus Triadic Closure. Journal of Economic Geography, 2013, 14 (3): 589-620.

[205] Wang C, Rodan S, Fruin M et al. Knowledge networks, collaboration networks, and exploratory innovation. Academy of Management Journal, 2014, 57(2): 484-514.

[206] Wang Q W, Hang Y, Sun L C, Zhao Z Y. Two-stage innovation efficiency of new energy enterprises in China: A non-radial DEA approach. Technological Forecasting and Social Change, 2016, 112: 254-261.

[207] Wang X L, Sun C Z, Wang S, Zhang Z X, Zou W. Going Green or Going Away? A Spatial Empirical Examination of the Relationship between Environmental Regulations, Biased Technological Progress, and Green Total Factor Productivity. International Journal of Environmental Research and Public Health, 2018, 15, 1917.

[208] Wang Y D, Vanhaverbeke W, Roijakkers N. Exploring the impact of open innovation on national systems of innovation—A theoretical analysis. Technological Forecasting and Social Change, 2012, 79 (3): 419-428.

[209] Wang J, and Cai S. The Construction of High-speed Railway and Urban Innovation Capacity: Based on the Perspective of Knowledge Spillover. China Economic Review, 2020, 63: 101539.

[210] Wang S, Jia M, Zhou Y, and Fan F. Impacts of Changing Urban Form on Ecological Efficiency in China: A Comparison between Urban Agglomerations and Administrative Areas. Journal of Environmental Planning and Management, 2020, 63(10): 1834-1856.

[211] Wu J, Zhuo S H, Wu Z F. National innovation system, social entrepreneurship, and rural economic growth in China. Technological Forecasting and Social Change, 2017, 121: 238-250.

[212] Wu A M, Ye L, Li H. The impact of fiscal decentralization on urban agglomeration: Evidence from China. Journal of urban affairs, 2019, 41 (2): 170-188.

[213] Xie X M, Fang L X, Zeng S X. Collaborative innovation network and

knowledge transfer performance: A fsQCA approach. Journal of Business Research, 2016, 69 (11): 5210-5215.

[214] Yang Y J, Chen J. Do slack resources matter in Chinese firms' collaborative innovation? International Journal of Innovation Studies, 2017, 1 (4): 207-218.

[215] Yang X, Zhang H, Lin S, Zhang J, and Zeng J. Does High-speed Railway Promote Regional Innovation Growth or Innovation Convergence? Technology in Society, 2021, 64: 101472.

[216] Yuan J, Zhao C, Yu S, and Hu Z. Electricity Consumption and Economic Growth in China: Cointegration and Co-feature Analysis. Energy Economics, 2007, 29(6): 1179-1191.

[217] Yun L. The Efficiency Study of Regional Technological Innovation: Based on the Provinces Level. Energy Procedia, 2011, 5: 1579-1583.

[218] Zelenyuk V. Aggregation of Scale Efficiency. European Journal of Operational Research, 2015, 240(1): 269-277.

[219] Zhang D D, Zhou C H, Su F Z, Yang X M, Du Y Y. A physical Impulse-based approach to evaluate the exploitative intensity of Bay: A case study of Daya Bay in China. Ocean Coastal Management, 2012, 69: 151-159.

[220] Zhang G Y, Tang C Y. How could firm's internal R&D collaboration bring more innovation? Technological Forecasting and Social Change, 2017, 125: 299-308.

[221] Zhang J Q, Chen T T, Fan F, Wang S. Empirical research on time-varying characteristics and efficiency of the Chinese economy and monetary policy: evidence from the MI-TVP-VAR model. Applied Economics, 2018, 50 (33): 3596-3613.

[222] Zhao J Y, Wu G D, Xi X, Qi N, LiuW W. How collaborative innovation system in a knowledge-intensive competitive alliance evolves? An empirical study on China, Korea and Germany. Technological Forecasting and Social Change, 2018, 137: 128-146.

[223] Zhao S L, Cacciolatti L, Lee S H, Song W. Regional collaborations and indigenous innovation capabilities in China: A multivariate method for the analysis of regional innovation systems. Technological Forecasting and Social Change, 2015, 94: 202-220.

154

［224］Zhou Q,Fang G, Wang D P, Yang W. Research on the robust optimization of the enterprise's decision on the investment to the collaborative innovation: Under the risk constraints. Chaos, Solitons & Fractals, 2016, 89: 284-289.

［225］白俊红，蒋伏心. 协同创新、空间关联与区域创新绩效. 经济研究，2015(7)：174-187.

［226］白俊红，王林东. 创新驱动对中国地区经济差距的影响：收敛还是发散? 经济科学，2016(2)：18-27.

［227］白俊红，王钺. 研发要素的区际流动是否促进了创新效率的提升? 中国科技论坛，2015，30(12)：27-32.

［228］卞元超，白俊红，范天宇. 产学研协同创新与企业技术进步的关系. 中国科技论坛，2015(6)：38-43.

［229］卞元超，白俊红. 产学研协同创新的制度逻辑. 科技与经济，2015，28(6)：19-23.

［230］蔡元成，赵敏. 基于主成分分析的中部六省科技创新效率研究. 当代经济管理，2011，33 (5)：52-55.

［231］曹霞，于娟. 绿色低碳视角下中国区域创新效率研究. 中国人口·资源与环境，2015，25(5)：10-19.

［232］陈波. 论创新驱动的内涵特征与实现条件——以"中国梦"的实现为视角. 复旦学报(社会科学版)，2014，56 (4)：124-133.

［233］陈昌兵. 新时代我国经济高质量发展动力转换研究. 上海经济研究，2018(5)：16-24，41.

［234］陈丹宇. 长三角区域创新系统中的协同效应研究. 浙江大学，2009.

［235］陈健，何国祥. 区域创新资源配置能力研究. 自然辩证法研究，2005，21(3)：78-82.

［236］陈洁，冒益海，吕心力，吴新明. 产学研协同创新机制及效率评价研究. 产业与科技论坛，2015，14 (2)：118-119.

［237］陈劲，张学文. 中国创新驱动发展与科技体制改革(2012—2017). 科学学研究，2018，12 (36)：2116-2121.

［238］陈劲. 协同创新. 杭州：浙江大学出版社，2012.

［239］陈劲. 新形势下产学研战略联盟创新与发展研究. 北京：中国人民大学出版社，2009.

［240］陈龙. 真实生活成本指数的估计——基于一类非线性齐次支出函数的研

究. 数量经济技术经济研究, 2010, 27 (08): 33-46+87.DOI:10.13653/
j.cnki.jqte.2010.08.001.

[241] 陈诗一. 上海创新驱动和转型发展的评估指标研究. 湖南科技大学学报
(社会科学版), 2017 (1): 70-77.

[242] 陈媞. 创新型城市的形成机理及评价指标体系研究. 武汉理工大
学, 2012.

[243] 陈曦. 创新驱动发展战略的路径选择. 经济问题, 2013 (3): 42-45.

[244] 陈潇潇, 安同良. 基于地方政府视角的创新型城市建设比较及启示. 经
济问题探索, 2016 (8): 76-82.

[245] 陈修颖, 陈颖. 浙江省科技资源配置效率的区域差异及其空间配置效率
研究. 地理科学, 2012, 32 (4): 418-425.

[246] 陈衍泰, 朱传果, 夏敏. 中国区域创新系统国际化评价——基于中国 24
个城市的实证分析. 技术经济, 2019, 38 (2): 22-31.

[247] 陈燕武. 福建省科技投入产出效率评价——基于超效率模型和
Malmquist 指数的实证研究. 科技和产业, 2011, 11 (1): 40-44.

[248] 陈燕武. 基于复合 DEA 和 Malmquist 指数的科技投入产出效率评价. 运
筹与管理, 2011, 20 (6): 196-204.

[249] 陈振娇, 时良瑞. 推进产学研协同创新的思路. 宏观经济管理, 2015
(4): 32-34, 43.

[250] 程东祥, 陈静. 创新型城市评价体系研究. 中国集体经济, 2016 (16):
6-7.

[251] 程强, 石琳娜. 基于自组织理论的产学研协同创新的协同演化机理研
究. 软科学, 2016, 30 (4): 22-26.

[252] 程叶青, 王哲野, 马靖. 中国区域创新的时空动态分析. 地理学报,
2014, 69 (12): 1779-1789.

[253] 当代上海研究所. 长江三角洲发展报告 2008——协同创新与科技发展.
上海: 人民出版社, 2009.

[254] 丁焕峰. 论区域创新系统. 科研管理, 2001 (6): 1-8.

[255] 丁军, 黄茹, 吕拉昌. 基于专利授权数的长江经济带创新差异的多尺度
分析. 长江流域资源与环境, 2016, 25 (6): 868-876.

[256] 丁绪辉, 高素惠, 吴凤平. 环境规制、FDI 集聚与长江经济带用水效率
的空间溢出效应研究. 中国人口·资源与环境, 2019, 29 (8): 148-155.

[257] 杜海东, 关伟, 王嵩, 梁湘波. 我国海洋科技进步贡献率效率研究——

基于索罗和三阶段 DEA 混合模型. 海洋开发与管理, 2017(4): 70-80.

[258] 杜鹏程, 姚瑶. 我国创新型城市知识图谱研究. 华北电力大学学报(社会科学版), 2018(5): 50-58.

[259] 段杰, 张智立, 龙瑚. 创新型城市发展模式分析及创新能力评价——以深圳为例. 开发研究, 2016(1): 58-63.

[260] 段杰. 论创新型城市的演化路径及动力机制——基于自组织视角的探析. 甘肃社会科学, 2017(5): 221-227.

[261] 段晶晶. 产学研协同创新效率提升路径研究——一个理论分析框架. 内蒙古社会科学(汉文版), 2014, 35 (2): 119-123.

[262] 段永瑞. 数据包络分析——理论和应用. 上海: 上海科学普及出版社, 2006.

[263] 樊杰, 王亚飞, 梁博. 中国区域发展格局演变过程与调控. 地理学报, 2019, 74 (12): 2437-2454.

[264] 樊杰, 刘汉初. "十三五"时期科技创新驱动对我国区域发展格局变化的影响与适应. 经济地理, 2016, 36 (1): 1-9.

[265] 樊杰, 吕昕, 杨晓光, 田明. (高)科技型城市的指标体系内涵及其创新战略重点. 地理科学, 2002, 22 (6): 641-648.

[266] 范柏乃, 江蕾, 罗佳明. 中国经济增长与科技投入关系的实证研究. 科研管理, 2004, 25(5): 104-109.

[267] 范柏乃. 城市技术创新透视: 区域技术创新研究的一个新视角. 北京: 机械工业出版社, 2004.

[268] 范斐, 张建清, 杨刚强. 环境约束下区域科技资源配置效率的空间溢出效应研究. 中国软科学, 2016, 30 (4): 71-80.

[269] 范斐, 杜德斌, 李恒, 等. 中国地级以上城市科技资源配置效率的时空格局. 地理学报, 2013, 68(10): 1331-1343.

[270] 范斐, 杜德斌, 李恒. 区域科技资源配置效率及比较优势分析. 科学学研究, 2012, 30(8): 1198-1205.

[271] 范斐, 杜德斌, 游小珺. 基于能力结构关系模型的区域协同创新研究. 地理科学, 2015, 35(1): 66-74.

[272] 范斐, 连欢, 王雪利, 等. 区域协同创新对创新绩效的影响机制研究. 地理科学, 2020, 40(2): 165-172.

[273] 范斐, 张建清, 杨刚强, 等. 区域科技资源配置效率的空间溢出效应研究. 中国软科学, 2016 (4): 71-80.

[274] 范斐, 张建清, 杨刚强. 环境约束下区域科技资源配置效率的空间溢出效应研究. 中国软科学, 2016, 30(4): 71-80.

[275] 方创琳. 中国城市群研究取得的重要进展与未来发展方向. 地理学报, 2014, 69 (8): 1130-1144.

[276] 费艳颖, 姜国峰, 王越. 美日韩大学参与产学研协同创新模式及对我国的启示. 科学管理研究, 2014, 32 (1): 106-109.

[277] 封伟毅. 区域创新系统的效率评价研究. 长春: 吉林大学, 2009.

[278] 冯锋, 张雷勇, 高牟, 马雷. 两阶段链视角下科技投入产出链效率研究——来自我国 29 个省市数据的实证. 科学学与科学技术管理, 2011, 32 (8): 33-38.

[279] 冯锦琰, 彭雪溶, 龚丰镒. 苏州创新型城市建设评价研究. 合作经济与科技, 2018(8): 36-40.

[280] 冯之浚, 刘燕华, 方新, 穆荣平, 张伟. 创新是发展的根本动力. 科研管理, 2015, 36 (11): 1-10.

[281] 付英彪. 创新驱动发展的评析、反思与展望. 学习与探索, 2016(12): 120-123.

[282] 付智. 江西区域创新能力研究. 南昌: 南昌大学, 2012.

[283] 高建新. 区域协同创新的形成机理及影响因素研究. 科技管理研究, 2013(10): 74-78.

[284] 高丽娜, 蒋伏心, 熊季霞. 区域协同创新的形成机理及空间特性. 工业技术经济, 2014(3): 25-32.

[285] 高霞. 我国产学研协同创新的研究脉络与现状评述. 科学管理研究, 2014, 32 (5): 9-11.

[286] 龚红, 查冰川. 产学研协同创新组织模式演进与优化研究. 科技进步与对策, 2014, 31 (21): 22-26.

[287] 辜胜阻, 杨嵋, 庄芹芹. 创新驱动发展战略中建设创新型城市的战略思考——基于深圳创新发展模式的经验启示. 中国科技论坛, 2016(9): 31-37.

[288] 辜胜阻. 转型与创新是后危机时代的重大主题. 财贸经济, 2010(8): 91-95.

[289] 管燕, 吴和成, 黄舜. 基于改进 DEA 的江苏省科技资源配置效率研究. 科研管理, 2011, 32(2): 145-150.

[290] 郭炬, 陈为旭. 区域技术创新的演化问题探讨与展望. 经济问题探索,

2014(3)：113-120.

[291] 国家统计局. 中国城市统计年鉴. 北京：中国统计出版社，2004-2017.

[292] 海燕，郑秀梅. 创新驱动发展的理论基础、内涵与评价. 中国软科学，2017(1)：41-49.

[293] 韩晶，宋涛，陈超凡等. 基于绿色增长的中国区域创新效率研究. 经济社会体制比较，2013(3)：100-110.

[294] 韩晶. 中国区域绿色创新效率研究. 财经问题研究，2012（11）：130-137.

[295] 何山，陈玲，Geert Duysters. 基于模糊贴近度的城市创新系统生命周期评价研究. 开发研究，2013(2)：14-17.

[296] 何兴强，王利霞. 中国 FDI 区位分布的空间效应研究. 经济研究，2008（11）：137-150.

[297] 何郁冰. 产学研协同创新的理论模式. 科学学研究，2012，30（2）：165-174.

[298] 贺灵. 区域协同创新能力测评及增进机制研究. 中南大学：2013.

[299] 洪银兴. 论创新驱动经济发展战略. 经济学家，2013(1)：5-11.

[300] 黄海霞，张治河. 基于 DEA 模型的我国战略性新兴产业科技资源配置效率研究. 中国软科学，2015(1)：150-159.

[301] 黄继，管顺丰. 武汉城市创新系统创新能力评价与提升对策. 科技进步与对策，2007，24（5）：72-74.

[302] 黄继. 城市创新系统理论与实证研究. 南京航空航天大学，2010.

[303] 黄建欢，谢优男，余燕团. 城市竞争、空间溢出与生态效率：高位压力和低位吸力的影响. 中国人口·资源与环境，2018，28(3)：1-12.

[304] 黄菁菁. 产学研协同创新效率及其影响因素研究. 软科学，2017，31（5）：38-42.

[305] 黄凌翔，陈丽杰. 基于熵权法改进 TOPSIS 模型的创新型城市评价及障碍度研究——以天津市为例. 城市，2017(9)：34-41.

[306] 黄速建，刘建丽. 当前中国区域创新体系的突出问题. 人民论坛·学术前沿，2014(17)：78-89，95.

[307] 黄永明，潘安琪. 贸易壁垒如何影响中国制造业全球价值链分工——以美国对华反倾销为例的经验研究. 国际经贸探索，2019，35（4）：4-26.

[308] 黄昱方，徐悦. 人与环境匹配视角下城市创新系统动力生成机制研究. 中国科技论坛，2014(3)：24-29，36.

[309] 黄志宇, 李妍. 我国若干创新型城市主要特征统计分析及其对广东的启示. 广东科技, 2017, 26 (1): 88-91.

[310] 霍国庆, 杨阳, 张古鹏. 新常态背景下中国区域创新驱动发展理论模型的构建研究. 科学学与科学技术管理, 2017, 38 (6): 77-93.

[311] 贾梦圆, 刘晓阳, 陈天, 范斐. 中国地级及以上城市紧凑度测度. 城市问题, 2019(11): 4-12.DOI:10.13239/j.bjsshkxy.cswt.191101.

[312] 贾秀妍, 李宁, 田玉英. 基于两阶段 DEA 模型的区域科技信息投入—转化效率测算研究. 情报科学, 2013, 31 (6): 34-42.

[313] 菅利荣. 国际典型的产学研协同创新机制研究. 高校教育管理, 2012 (5): 6-11.

[314] 江蕾. 基于自主创新的区域创新体系建设研究——以浙江省为例. 同济大学, 2008.

[315] 姜明辉, 贾晓辉. 基于 C-D 生产函数的产业集群对区域创新能力影响机制及实证研究. 中国软科学, 2013(6): 154-161, 183.

[316] 蒋伏心, 毕冬芳, 胡潇. 产学研协同创新对区域创新绩效影响研究. 江苏社会科学, 2015(5): 64-72.

[317] 蒋天颖, 谢敏, 刘刚. 基于引力模型的区域创新产出空间联系研究——以浙江省为例. 地理科学, 2014, 34(11): 1320-1326.

[318] 焦敬娟, 王姣娥, 程珂. 中国区域创新能力空间演化及其空间溢出效应. 经济地理, 2017, 37 (9): 11-18.

[319] 金刚, 沈坤荣. 以邻为壑还是以邻为伴? ——环境规制执行互动与城市生产率增长. 管理世界, 2018(12): 43-55.

[320] 金惠红, 薛希鹏, 雷文瑜. 产学研协同创新的运行机制探讨. 科技管理研究, 2015(5): 21-25.

[321] 景维民, 张璐. 环境管制、对外开放与中国工业的绿色技术进步. 经济研究, 2014, 49 (9): 34-47.

[322] 寇宗来, 刘学悦. 中国城市和产业竞争力报告 2017. 复旦大学产业发展研究中心, 2017.

[323] 雷仲敏. 城市科技创新系统及其评价的实证研究. 城市, 2007(2): 14-19.

[324] 李斌, 杨冉. 生产性服务业集聚与城市经济绩效. 产业经济研究, 2020 (1): 128-142.

[325] 李兵, 曹方. 基于系统动力学城市创新系统运行机制研究. 科技管理研

究，2012(1)：175-177.

[326] 李飞，张晓立，覃巍. 城市创新系统理论研究综述. 城市问题，2007（10）：29-33.

[327] 李高扬，刘明广. 产学研协同创新的演化博弈模型及策略分析. 科技管理研究，2014(3)：197-203.

[328] 李国平，王春杨. 我国省域创新产出的空间特征和时空演化——基于探索性空间数据分析的实证. 地理研究，2012，31（1）：95-106.

[329] 李惠娟，赵静敏，上官敬芝. 城市科技资源配置效率的 DEA 两阶段方法评价——基于江苏省十三个城市的研究. 科技管理研究，2010(19)：57-60.

[330] 李慧，王玉杰，张静晓. 环境规制下创新型城市技术创新效率测度——以西安为例. 工程管理学报，2018，32（4）：53-58.

[331] 李健，屠启宇. 创新时代的新经济空间：美国大都市区创新城区的崛起. 城市发展研究，2015，22（10）：85-91.

[332] 李婧，产海兰. 空间相关视角下 R&D 人员流动对区域创新绩效的影响. 管理学报，2018，15(3)：399-409.

[333] 李靖华，李宗乘，朱岩梅. 世界创新型城市建设模式比较：三个案例及其对上海的启示. 中国科技论坛，2013(2)：139-146.

[334] 李俊江，孟勐. 基于创新驱动的美国"再工业化"与中国制造业转型. 科技进步与对策，2016，33（5）：51-55.

[335] 李林，杨泽寰. 区域创新协同度评价指标体系及应用——以湖南省 14 地市州为例. 科技进步与对策，2013，30（19）：109-114.

[336] 李玲，陶锋. 中国制造业最优环境规制强度的选择——基于绿色全要素生产率的视角. 中国工业经济，2012(5)：70-82.

[337] 李楠，龚惠玲，张超. 区域创新驱动发展关键影响因素研究. 科技进步与对策，2016，33（12）：41-46.

[338] 李培楠，赵兰香，万劲波. 产学研合作过程管理与评价研究——美国工业/大学合作研究中心计划管理启示. 科学学与科学技术管理，2013，34（2）：20-27.

[339] 李青，李文军，郭金龙. 区域创新视角下的产业发展：理论与案例研究. 北京：商务印书馆，2004.

[340] 李涛. 创新型城市研究综述. 中国集体经济，2018(10)：3-4.

[341] 李涛，张璋. 科技创新能力与国家位势关系研究——基于结构方程模型

的量化分析. 中国软科学, 2014(2): 90-99.

[342] 李小建, 乔家君. 20 世纪 90 年代中国县际经济差异的空间分析. 地理学报, 2001, 56(2): 136-145.

[343] 李星洲, 李海波, 沈如茂, 孙长高, 甄守业. 我国政产学研合作的新型组织模式研究——以山东省临沂市科学技术合作与应用研究院为例. 科技进步与对策, 2012, 29 (22): 26-29.

[344] 李杨. 广州市创新型城市建设研究. 城市观察, 2019(1): 102-110.

[345] 连燕华, 石兵等. 国家科学技术投入与产出评价. 中国软科学, 2002 (1): 28-31.

[346] 连远强. 国外创新网络研究述评与区域共生创新战略. 人文地理, 2016 (1): 26-32.

[347] 廖德贤, 张平. 区域创新系统中的城市创新系统. 科技情报开发与经济, 2005, 15 (5): 181-182.

[348] 林璐. 论创新型城市评价指标体系的构建. 河南科技大学学报(社会科学版), 2016, 34 (5): 81-87.

[349] 刘春艳, 王伟. 面向协同创新的产学研知识转移研究现状及展望. 科技进步与对策, 2014, 31 (17): 156-160.

[350] 刘凤朝, 潘雄锋. 基于 Malmquist 指数法的我国科技创新效率评价. 科学学研究, 2007, 25 (5): 986-990.

[351] 刘浩, 马琳, 李国平. 中国城市全要素生产率的演化格局及其影响因素. 地理研究, 2020, 39(4): 880-891.

[352] 刘建丽. 新区域创新体系: 概念廓清与政策含义. 经济管理, 2014(4): 32-40.

[353] 刘鉴, 杨青山, 江孝君, 张郁. 长三角城市群城市创新产出的空间集聚及其溢出效应. 长江流域资源与环境, 2018, 2 (27): 225-234.

[354] 刘军, 王佳玮, 程中华. 产业聚集对协同创新效率影响的实证分析. 中国软科学, 2017(6): 89-98.

[355] 刘玲利. 科技资源配置理论与配置效率研究. 长春: 吉林大学, 2007.

[356] 刘璐, 李剑玲, 周艳. 产学研协同创新研究的启示. 中国高校科技, 2016(7): 34-36.

[357] 刘瑞, 吴静, 张冬平, 沙德春, 王文亮. 中国产学研协同创新政策的主题及其演进. 技术经济, 2016, 35 (8): 45-52, 82.

[358] 刘思明, 张世瑾, 朱惠东. 国家创新驱动力测度及其经济高质量发展效

应研究. 数量经济技术经济研究, 2019 (4)：3-23.

[359] 刘孝斌, 胡继妹, 沈佳文. 创新型城市建设的评价指标体系及政策建议——以国家创新型城市试点湖州市为例. 工业经济论坛, 2016, 3 (3)：263-274.

[360] 刘英平, 林志贵, 沈祖诒. 有效区分决策单元的数据包络分析方法. 系统工程理论与实践, 2006, 26 (3)：112-116.

[361] 刘友金, 易秋平, 贺灵. 产学研协同创新对地区创新效率的影响——以长江经济带 11 省市为例. 经济地理, 2017, 37 (9)：1-10.

[362] 刘志彪. 从后发到先发：关于实施创新驱动战略的理论思考. 产业经济研究, 2011 (4)：1-7.

[363] 刘志华. 区域科技协同创新效率的评价及提升途径研究. 湖南大学, 2013.

[364] 柳卸林, 高雨辰, 丁雪辰. 寻找创新驱动发展的新理论思维——基于新熊彼特增长理论的思考. 管理世界, 2017 (12)：8-19.

[365] 柳卸林, 胡志坚. 中国区域创新能力的分布与成因. 科学学研究, 2002, 20 (5)：550-556.

[366] 卢超, 尤建新, 郑海鳌. 创新驱动发展的城市建设路径——以上海创新型城市建设为例. 科技进步与对策, 2016, 33 (23)：25-31.

[367] 卢飞, 刘明辉, 王嵩. 职住分离还是恪守故土？——基于 CHIP 数据的经验分析. 现代经济探讨, 2019 (1)：96-104.

[368] 陆大道. 中国区域发展的新因素与新格局. 地理研究, 2003, 22 (3)：261-271.

[369] 陆大道. 中速增长：中国经济的可持续发展. 地理科学, 2015, 35 (10)：1207-1219.

[370] 罗晓梅. 我国创新驱动发展战略的理论基础和学术渊源. 探索, 2016 (5)：5-11.

[371] 吕国庆, 曾刚, 顾娜娜. 经济地理学视角下区域创新网络的研究综述. 经济地理, 2014, 34 (2)：1-8.

[372] 吕拉昌, 黄茹, 廖倩. 创新地理学研究的几个理论问题. 地理科学, 2016, 36 (5)：653-661.

[373] 吕拉昌, 李勇. 基于城市创新职能的中国创新城市空间体系. 地理学报, 2010, 65 (2)：177-190.

[374] 吕薇, 马名杰, 戴建军, 熊鸿儒. 转型期我国创新发展的现状、问题及

政策建议. 中国软科学, 2018 (3): 10-17.

[375] 吕喜英. 基于 DEA 的我国科技投入产出二次效率评价. 广西财经学院学报, 2009, 22 (3): 47-52.

[376] 马学, 刘艳辉, 胡宝民. 产学研合作运行机制的机理分析—兼论河北省产学研合作的现状及应对策略. 河北学刊, 2006, 26 (1): 222-226.

[377] 马一德. 用知识产权支撑创新驱动战略 [N]. 人民日报, 2014-05-09 (007).

[378] 孟卫东, 王清. 区域创新体系科技资源配置效率影响因素实证分析. 统计与决策, 2013 (4): 96-99.

[379] 倪鹏飞, 白晶, 杨旭. 城市创新系统的关键因素及其影响机制——基于全球 436 个城市数据的结构化方程模型. 中国工业经济, 2011 (2): 16-25.

[380] 聂国卿, 郭晓东. 环境规制对中国制造业创新转型发展的影响. 经济地理, 2018, 38 (7): 110-116.

[381] 牛树海, 金凤君, 刘毅. 科技资源配置的区域差异. 资源科学, 2004, 26 (1): 61-68.

[382] 潘锡杨, 李建清. 政产学研协同创新——区域创新发展的新范式. 科技管理研究, 2014 (21): 70-75.

[383] 彭华涛. 区域科技资源配置的新制度经济学分析. 科学学与科学技术管理, 2006 (1): 141-144.

[384] 齐亚伟, 陶长琪. 环境约束下要素集聚对区域创新能力的影响—基于 GWR 模型的实证分析. 科研管理, 2014, 35 (9): 17-24.

[385] 乔章凤. 基于创新驱动战略的创新型城市建设研究. 理论与改革, 2016 (6): 141-145.

[386] 饶燕婷. "产学研" 协同创新的内涵、要求与政策构想. 高教探索, 2012 (4): 29-32.

[387] 任保平, 郭晗. 经济发展方式转变的创新驱动机制. 学术研究, 2013 (2): 69-75.

[388] 任保平. 新时代中国经济从高速增长转向高质量发展: 理论阐释与实践取向. 学术月刊, 2018, 50 (3): 66-74, 86.

[389] 任志安, 王立平. 知识生产函数研究的演进与发展. 经济理论与经济管理, 2006 (6): 23-27.

[390] 邵安菊. 培育城市创新生态系统的路径与对策. 宏观经济管理, 2017

（8）：61-66.

[391] 邵汉华，钟琪. 研发要素空间流动与区域协同创新效率. 软科学，2018，32（11）：120-123，129.

[392] 佘硕，王巧. 中国创新型城市建设10年——基于理论与实践的双视角. 安徽行政学院学报，2019（1）：77-83.

[393] 申萌，万海远，李凯杰. 从"投资拉动"到"创新驱动"：经济增长方式转变的内生动力和转型冲击. 统计研究，2019，36（3）：17-31.

[394] 师萍，李垣. 科技资源体系内涵与制度因素. 中国软科学，2000，15（11）：55-57.

[395] 师萍. 科技资源配置与制度安排的关系研究. 西安：西安交通大学，2001.

[396] 施筱勇. 创新驱动经济体的三大特征及其政策启示. 中国软科学，2015（2）：44-56.

[397] 石峰，戴冬阳. 区域创新系统研究述评. 技术经济，2013，32（1）：40-43.

[398] 史烽，陈石斌，蔡翔. 论协同创新的内涵及空间效应. 技术经济与管理研究，2017（3）：32-36.

[399] 宋德勇，杨秋月. 环境规制打破了"资源诅咒"吗？中国人口·资源与环境，2019，29（10）：61-69.

[400] 宋宇. 科技资源配置过程中的难点和无效率现象探讨. 数量经济技术经济研究，1999，16（10）：29-31.

[401] 苏国红，欧晓静. 国内创新驱动理论研究综述. 重庆工商大学学报（社会科学版），2016，33（3）：9-17.

[402] 苏屹，林周周. 区域创新活动的空间效应及影响因素研究. 数量经济技术经济研究，2017（11）：63-80.

[403] 隋映辉. 城市创新系统与"城市创新圈". 学术界，2004（3）：105-112.

[404] 孙才志，刘玲，王嵩. 基于社会机会函数的中国沿海地区包容性增长研究. 经济地理，2017，37（10）：27-36.

[405] 孙才志，王雪利，王嵩. 环境约束下中国技术进步偏向测度及其空间效应分析. 经济地理，2018，38（9）：38-46.

[406] 孙红兵，向刚. 城市创新系统的创新综合能力评价. 经济问题探索，2011（3）：97-103.

[407] 孙红兵，向刚. 基于DEA的城市创新系统创新效率评价分析. 科技进步

与对策，2011，28（12）：130-135.

[408] 孙瑜康，李国平. 京津冀协同创新水平评价及提升对策研究. 地理科学进展，2017，36(1)：78-86.

[409] 谭俊涛，张平宇，李静. 中国区域创新绩效时空演变特征及其影响因素研究. 地理科学，2016，36(1)：39-46.

[410] 汪涛，丁雪，杜根旺. 国内外区域创新能力研究综述与未来展望. 技术经济，2014，33（9）：43-48.

[411] 王保乾，罗伟峰. 国家创新型城市创新效率评估——以长三角地区为例. 城市问题，2018(1)：34-40.

[412] 王蓓，刘卫东，陆大道. 中国大都市区科技资源配置效率研究——以京津冀、长三角、和珠三角地区为例. 地理科学进展，2011，30（10）：1233-1239.

[413] 王苧祥，韩周. 创新体系五力模型原理及方法. 中国软科学，2019(4)：142-151.

[414] 王海兵，杨蕙馨. 创新驱动及其影响因素的实证分析：1979—2012. 山东大学学报(哲学社会科学版)，2015(1)：23-34.

[415] 王缉慈. 创新的空间. 北京：北京大学出版社，2001.

[416] 王嘉文. 创新型城市的经验借鉴、建设路径与政策创新. 创新科技，2017(3)：7-10.

[417] 王建民，王艳涛. 我国区域创新能力研究述评. 经济问题探索，2015（12）：185-190.

[418] 王凯，邹晓东. 由国家创新系统到区域创新生态系统——产学协同创新研究的新视域. 自然辩证法研究，2016，32（9）：97-101.

[419] 王兰英，杨帆. 创新驱动发展战略与中国的未来城镇化建设. 中国人口·资源与环境，2014，24（9）：163-169.

[420] 王鹏，高妍伶俐. 中国区域创新能力差异的实证研究——兼评各地区创新能力的影响因素. 南京工业大学学报(社会科学版)，2017，16（1）：121-128.

[421] 王瑞鑫，李玲娟. 产学研协同创新的理论框架研究. 科学管理研究，2017，35（5）：17-21.

[422] 王松，胡树华，牟仁艳. 区域创新体系理论溯源与框架. 科学学研究，2013，31（3）：344-349，436.

[423] 王秀丽，王利剑. 产学研合作创新效率的 DEA 评价. 统计与决策，2009

（3）：54-56.

[424] 王艳，曾刚，王灏. 基于知识转移视角的产学研合作模式研究. 科技进步与对策，2009，26（14）：4-7.

[425] 王洋. 国家创新中心城市建设的国际经验借鉴. 产业与科技论坛，2019，18（3）：11-12.

[426] 王业强，郭叶波，赵勇，胡浩. 科技创新驱动区域协调发展：理论基础与中国实践. 中国软科学，2017(11)：86-100.

[427] 王贻志，孙阳，阮大成. 应用二级 CES 生产函数对中国制造业 R&D 投入产出效应的实证研究. 数量经济技术经济研究，2006(08)：56-67.

[428] 王永康. 论沿海开放城市创新系统建设. 中国软科学，2002(11)：90-92.

[429] 王玉民，刘海波，靳宗振，梁立赫. 创新驱动发展战略的实施策略研究. 中国软科学，2016(4)：1-12.

[430] 王章豹，韩依洲，洪天求. 产学研协同创新组织模式及其优劣势分析. 科技进步与对策，2015，35（2）：24-29.

[431] 王志宝，孙铁山，李国平. 区域协同创新研究进展与展望. 软科学，2013，27（1）：1-4，9.

[432] 魏江，李拓，赵雨菡. 创新驱动发展的总体格局、现实困境与政策走向. 中国软科学，2015(5)：21-30.

[433] 魏敏，李书昊. 新时代中国经济高质量发展水平的测度研究. 数量经济技术经济研究，2018(11)：3-20.

[434] 魏守华，吴贵生. 区域科技资源配置效率研究. 科学学研究，2005，23（4）：467-473.

[435] 魏先彪. 基于创新链的国家创新型城市发展模式与评估研究. 中国科学技术大学，2017.

[436] 温忠麟，张雷，侯杰泰，等. 中介效应检验程序及其应用. 心理学报，2004(5)：614-620.

[437] 吴传清，龚晨. 创新型城市评价指标体系设计：回顾与展望. 统计与决策，2016(7)：68-71.

[438] 吴海燕，徐芝亮，魏玲玲. 我国政产学研协同创新模式的探索. 农业科技管理，2014，33（5）：38-40，49.

[439] 吴士炜，余文涛. 环境税费、政府补贴与经济高质量发展——基于空间杜宾模型的实证研究. 宏观质量研究，2018，6（4）：18-31.

[440] 吴晓飞. 政策性因素与区域创新能力研究. 山东大学，2016.

[441] 武晓静，杜德斌，肖刚，管明明. 长江经济带城市创新能力差异的时空格局演变. 长江流域资源与环境，2017，26（04）：490-499.

[442] 夏怡然，陆铭. 城市间的"孟母三迁"——公共服务影响劳动力流向的经验研究. 管理世界，2015（10）：78-90. DOI：10.19744/j.cnki.11-1235/f.2015.10.008.

[443] 肖刚，杜德斌，李恒，戴其文. 长江中游城市群城市创新差异的时空格局演变. 长江流域资源与环境，2016，25（2）：199-207.

[444] 谢呈阳，胡汉辉. 中国土地资源配置与城市创新：机制讨论与经验证据. 中国工业经济，2020(12)：83-101.

[445] 谢乔昕. 环境规制、规制俘获与企业研发创新. 科学学研究，2018，36（10）：1879-1888.

[446] 谢友才，张红辉. 区域科技投入产出效率的 DEA 视窗分析. 研究与发展管理，2007，19（3）：85-92.

[447] 熊彼特. 经济发展理论. 北京：商务印书馆，1990.

[448] 徐建国. 我国区域科技资源配置能力分析. 中国软科学，2002(9)：98-100.

[449] 徐莉，杨晨露. 产学研协同创新的组织模式及运行机制研究. 科技广场，2012(11)：210-214.

[450] 徐平，张秋实，朱志红. 产学研协同创新研究综述. 海南师范大学学报（自然科学版），2015，28（3）：350-354.

[451] 徐升华，李山. 校企知识转移的情境、渠道与模式选择路径. 科技进步与对策，2012，29（11）：126-132.

[452] 徐晓霞. 中国科技资源的现状及开发利用中存在的问题. 资源科学，2003，25（3）：83-89.

[453] 许楠，王立岩. 创新型城市科技创新系统运行机制与效率测度. 统计与决策，2012(13)：62-64.

[454] 许士春. 环境管制与企业竞争力——基于"波特假说"的质疑. 国际贸易问题，2007（05）：78-83.

[455] 许治，陈丽玉. 国家级创新型城市创新能力的动态演进——基于技术成就指数的研究. 管理评论，2016，28（10）：58-66.

[456] 许治，师萍. 基于 DEA 方法的我国科技投入相对效率评价. 科学学研究，2005(4)：481-484.

[457] 薛德升，黄耿志，翁晓丽. 改革开放以来中国城市全球化的发展过程. 地理学报，2010，65（10）：1155-1162.

[458] 严小兵. 产学研合作的知识转移模式研究. 杭州：浙江工业大学，2008.

[459] 杨建仁，吴华凤. 论创新型城市建设. 科技经济市场，2017（1）：86-89.

[460] 杨睿. 我国协同创新研究热点探索. 科技视界，2012（23）：5-7.

[461] 杨树旺，吴婷，李梓博. 长江经济带绿色创新绩效的时空分异及影响因素研究. 宏观经济研究，2018（6）：107-117，132.

[462] 杨思莹，李政，孙广召. 产业发展、城市扩张与创新型城市建设——基于产城融合的视角. 江西财经大学学报，2019（1）：21-33.

[463] 杨雪，高伟丽. 基于区域创新系统的城市创新评价研究. 天津科技，2018，45（6）：9-11.

[464] 叶佳，徐福缘，李佳. 产学研合作效率评价研究——基于 DEA 分析方法. 技术经济与管理研究，2013（2）：21-24.

[465] 叶一军，顾新，李晖，陈一君. 跨行政区域创新体系下创新主体间协同创新模式研究. 科技进步与对策，2014，31（16）：29-33.

[466] 叶郁，曹磊. 城市群发展中的区域创新中心建设. 科学管理研究，2013，31（2）：51-54.

[467] 易信，刘凤良. 金融发展、技术创新与产业结构转型——多部门内生增长理论分析框架. 管理世界，2015（10）：24-39，90. DOI：10.19744/j.cnki.11-1235/f.2015.10.004.

[468] 尹继佐. 世界城市与创新城市——西方国家的理论与实践. 上海：上海社会科学院出版社，2003.

[469] 尹伟华，袁卫. 我国区域 R&D 投入效率评价研究——基于关联网络 DEA 模型. 科技进步与对策，2012，29（23）：123-127.

[470] 于淼，朱方伟. 创新集聚能力对创新集聚绩效的作用机制研究. 科学学研究，2015，33（06）：924-933.

[471] 余冬筠，魏伟忠. 区域创新效率评价研究综述. 技术经济，2010，29（10）：44-48.

[472] 原毅军，陈喆. 环境规制、绿色技术创新与中国制造业转型升级. 科学学研究，2019，37（10）：1902-1911.

[473] 张浩，杨慧敏. 基于考虑非期望产出的超效率网络 SBM 模型的我国商业银行效率. 系统工程，2017，35（4）：17-24.

[474] 张珩，朱英明. 从协同创新理念到协同创新实践：国内基于高校的协同

创新研究动态. 华东经济管理, 2014, 28 (7): 137-141.

[475] 张建清, 龚恩泽, 孙元元. 长江经济带环境规制与制造业全要素生产率. 科学学研究, 2019, 37 (9): 1558-1569.

[476] 张建伟, 石江江, 王艳华, 赵建吉. 长江经济带创新产出的空间特征和时空演化. 地理科学进展, 2016, 35 (9): 1119-1128.

[477] 张剑, 吕丽, 宋琦, 彭定蝶, 叶选挺. 国家战略引领下的我国创新型城市研究: 模式、路径与评价. 城市发展研究, 2017, 24 (9): 49-56.

[478] 张江雪, 朱磊. 基于绿色增长的我国各地区工业企业技术创新效率研究. 数量经济技术经济研究, 2012 (2): 113-125.

[479] 张俊霞. 经济新常态下政产学研协同创新问题研究. 科技进步与对策, 2015, 32 (14): 27-30.

[480] 张来武. 论创新驱动发展. 中国软科学, 2013 (1): 1-5.

[481] 张丽华, 林善浪, 汪达钦. 我国技术创新活动的集聚效应分析. 数量经济技术经济研究, 2011, 28 (01): 3-18. DOI: 10.13653/j. cnki. jqte. 2011.01.008.

[482] 张赛飞, 车晓惠. 基于 DEA 的广州市科技创新效率及其影响因素研究. 科技管理研究, 2011 (24): 20-23.

[483] 张省, 顾新. 城市创新系统动力机制研究. 科技进步与对策, 2012, 29 (5): 35-39.

[484] 张天译. 中国区域创新能力比较研究. 吉林大学, 2017.

[485] 张伟, 李虎林, 安学兵. 利用 FDI 增强我国绿色创新能力的理论模型与思路探讨. 管理世界, 2011 (12): 170-171.

[486] 张协奎, 邬思怡. 基于"要素—结构—功能—环境"的城市创新力评价研究——以 17 个国家创新型试点城市为例. 科技进步与对策, 2015, 35 (2): 138-144.

[487] 张艺, 许治, 朱桂龙. 协同创新的内涵、层次与框架. 科技进步与对策, 2018, 35 (18): 20-28.

[488] 章元, 王驹飞. 城市规模、通勤成本与居民储蓄率: 来自中国的证据. 世界经济, 2019, 42 (08): 25-49.

[489] 长青, 王鼎, 徐立丽, 张璐. 国内区域创新理论热点演进及前沿趋势研究——基于知识图谱视角. 科技管理研究, 2016 (18): 81-86, 109.

[490] 赵继军, 胡兆霞. 城市创新系统的结构与演化——基于代理的建模. 科学学与科学技术管理, 2010 (1): 65-71.

[491] 赵建吉，曾刚. 技术社区视角下新竹 IC 产业的发展及对张江的启示. 经济地理，2010，30（3）：438-430.

[492] 赵黎明，李振华. 城市创新系统的动力学机制研究. 科学学研究，2003，23（1）：97-100.

[493] 赵少平，黄飞. 长三角区域创新集聚的空间计量实证研究. 经济地理，2016，36（08）：73-79. DOI：10.15957/j.cnki.jjdl.2016.08.010.

[494] 赵艳华，苏倩. 亚洲典型城市创新系统比较及其对天津的启示. 特区经济，2013（7）：76-78.

[495] 甄峰，黄朝永，罗守贵. 区域创新能力评价指标体系研究. 科学管理研究，2000，18（6）：5-8.

[496] 郑彤彤. 产学研协同创新的内涵、模式与运行机制研究. 湖北社会科学，2017（5）：169-173.

[497] 郑烨，吴建南. 内涵演绎、指标体系与创新驱动战略取向. 改革，2017（6）：56-67.

[498] 郑烨. 创新驱动发展战略与科技创新支撑：概念辨析、关系厘清与实现路径. 经济问题探索，2017（12）：163-170.

[499] 中国科技发展战略研究小组. 中国区域创新能力报告（2004—2005）. 北京：知识产权出版社，2005.

[500] 周寄中. 科技资源论. 西安：陕西人民教育出版社，1999.

[501] 周天勇. 中国城市创新报告. 北京：红旗出版社，2008.

[502] 朱桂龙，张艺，陈凯华. 产学研合作国际研究的演化. 科学学研究，2015，33（11）：1669-1686.

[503] 朱平芳，李世奇. 长三角创新型城市建设的比较研究. 南京社会科学，2016（1）：17-24.